姜 鹏 张 斌 钟春艳 主编

都市型现代农业规划研究：
以天津市滨海新区种养循环现代生态农业产业园为例

中国农业科学技术出版社

图书在版编目（CIP）数据

都市型现代农业规划研究：以天津市滨海新区种养循环现代生态农业产业园为例 / 姜鹏，张斌，钟春艳主编．—北京：中国农业科学技术出版社，2020.9

ISBN 978-7-5116-4798-6

Ⅰ.①都… Ⅱ.①姜…②张…③钟… Ⅲ.①都市农业-农业园区-规划-研究-滨海新区 Ⅳ.①F327.213

中国版本图书馆 CIP 数据核字（2020）第 098854 号

责任编辑 朱 绯
责任校对 贾海霞

出 版 者 中国农业科学技术出版社
北京市中关村南大街 12 号 邮编：100081
电 话 （010）82106626（编辑室） （010）82109702（发行部）
（010）82109703（读者服务部）
传 真 （010）82106626
网 址 http://www.castp.cn
经 销 者 各地新华书店
印 刷 者 北京建宏印刷有限公司
开 本 710 mm×1 000 mm 1/16
印 张 5.75
字 数 101 千字
版 次 2020 年 9 月第 1 版 2020 年 9 月第 1 次印刷
定 价 46.00 元

#《都市型现代农业规划研究：以天津市滨海新区种养循环现代生态农业产业园为例》

编委会

主　编：姜　鹏　张　斌　钟春艳

副主编：姜翠红　王　植　吴思齐

编　者（按姓氏笔画为序）：

卫如雪　马　超　王　植　王源斌

司锡建　祁　娜　李艳军　李　慧

吴思齐　张昊宬　张　斌　陈立光

胡小敏　钟春艳　姜　鹏　姜翠红

智若宇

目　　录

第1章　绪　论

第一节　研究背景

一、都市型现代农业形成的直接原因

都市型现代农业在不同的国家其形成的历史时期是不同的。但从其产生的背景来看，都是在工业化和城市化高速发展的过程中产生的。都市型现代农业反映了工业化和城市化高度发展后人类对现代农业的一种探索，同时也表明现代农业已成为现代都市文明的内在需求。

二、都市型现代农业的兴起是社会经济发展的必然趋势

从发达国家和地区来看，工业的发展和城市的扩张，曾经使大量农田变为非农用地，城市污水污染农田，加之农民也期望耕地转为非农用地以迅速致富，因此在相当长的一段时期内，农业在大城市中被吞没。其结果是建筑密度过大，交通运输集中，城市空地和绿地面积减少，环境质量日益恶化，影响了城市居民的生活质量。同时城市中的树木植被大量减少，造成了城市生态系统

严重失调，其净化环境功能日益降低。于是人们又想到了农村和农业，对现代都市环境文明的向往，促使人们把目光转向城市郊区，这便形成了对农业观光旅游的需求。并且，要改善城市环境，还必须扩大绿地面积，而绿地又不单单是市内的公园绿地，还包括大城市区域范围内的农田以及城市周边的绿化。因此，不少学者就提出了城市必须要有相应的农业，无农业的城市是不完整的城市。

三、大城市优势是都市型现代农业发展的重要条件

一方面，都市型现代农业可以充分利用城市现代工业技术物质装备以及与城市几乎相同的基础设施、社会化服务条件，从而加速农业转向资本、科技密集和土地节约型发展。另一方面，由于毗邻城市或者缩短了与中心城区间的距离，城市强大的工业技术物质装备和科学技术也十分容易向农业渗透。因此，都市型现代农业拥有其他地区无法相比的优越条件，可以更早实现集约化、设施化、工厂化和规模化。同时，都市型现代农业具有的高科技、高投入和科学化管理等特点，对人力资本也有很高的要求。在经济发展不平衡的状况下，农业生产领域的人力资本首先在城市及城市化地区聚集，再加上这些地区所具有的其他优势，都市型现代农业便率先在大城市及城市化地区兴起和发展。

此外，城市和城市化地区所产生的要素市场和产品市场条件，是都市型现代农业发展的优势，而整个农村基础设施的改善是都市型现代农业稳定扩展的长期基础。低成本运行的要素市场和产品市场也是农业产业发展的基本条件。

四、都市型现代农业是人类社会文明进步的标志之一

都市型现代农业产生于农村城市化。原来生活在农村的农民可以过上城市人同样的现代文明生活，城乡居民可以和谐地生活在大自然之中。都市型现代农业既是现代化农村的一部分，又是国际大都市的一个有机组成部分。社会发展史表明，城乡、工农融合渗透是一个由浅层次向深层次逐渐演化的过程。第

一阶段，是通过机械力代替人力，改变农业局部环境。第二阶段，主要特征是农业设施化，即通过现代化设施改变农业生态环境。第三阶段，则是通过现代生物技术互动、植物生命过程的完全控制。应该说，城乡和工农差别的消失是人类世代的理想。都市型现代农业的出现，说明实现这种理想的条件正在成熟。

综上所述，都市型现代农业形成与兴起是现代都市社会经济发展的必然趋势，都市型现代农业的发展推动了人与自然、都市与农村和谐的历史进程。都市型现代农业强调农业生产与人、都市和自然诸方面的和谐，其实质是生产力发展到较高水平时，城乡之间差别逐步消失，农业同工业进一步结合过程中的一种发达形态的农业。

第二节　研究意义

一般而言，都市型现代农业的发展有利于农业资源得到更合理更充分的利用，促进农业结构优化调整，提高农业综合效益；有利于装备、技术、销售网络的集成，推动质量农业、绿色农业、科技农业和品牌农业提档升级；有利于带动相关产业发展，促进剩余劳动力转移，扩大劳动就业；有利于扩大城乡文化、信息交流，促进城乡融合与农村开放；有利于绿化、美化城乡环境，提高人们生活质量。更重要的是，都市型现代农业具有科技含量高、创新性强、消费前沿等特点，能为现代农业发展开创新思路，为农业转型升级提供新动能，为现代农业发展创造新模式，加快推动形成智能化的农业服务支撑体系。

一、都市型现代农业促进了现代农业发展模式创新

都市型现代农业已成为农业现代化发展的重要方向，各类社会资本和新型经营主体会顺应这一趋势，利用都市要素资源优势，不断拓展种植业和养殖业上下游产业链条，挖掘产业发展新潜力，提高农业附加值，打造农业“产、

加、销”一体的各式（“中央厨房”“从田间到餐桌”等）全产业链运营模式，有效减少农产品流通中间环节，确保获取更多的农产品增值收益。同时，观光、旅游、休闲、康养等农业新业态将会加速发展，各类一、二、三产业融合基地、园区等，将成为现代农业发展的重要模式。

二、都市型现代农业为现代农业转型注入了新动能

各类高端要素加速聚集不仅是都市型现代农业发展的内在要求，也在客观上为农业加速转型注入了新动能。一方面，通过信息化对接、工业化改造，将原有资源和生产模式与符合城市资源、消费需求的发展理念重新整合，可以提供多样化、个性化、智能化的产品和服务，提升现代农业发展层次。另一方面，工业化、全产业链的都市型现代农业发展模式，一定程度上缓解了土地、劳动力等要素日益缺乏对现代农业发展带来的压力，有效保障了农产品的市场供应，满足了人们对高质量农产品的消费需求。

三、都市型现代农业为现代农业发展提供了新思路

发展体验型旅游休闲观光农业，是都市型现代农业重要组成部分。通过提升居民休闲消费在农产品生产、加工过程中的参与性，不仅衍生创造出了新的服务型产品，还为传统农产品创造了新的销售途径；通过发展农事体验教育、农业 DIY、农业会展等，可推动经营主体转变经营理念，打造新的盈利模式；通过打造优美的田园环境、展示古朴的农耕情调，可以有效带动农产品销售、餐饮服务和农事体验等产业的发展。

四、都市型现代农业促进了智能化农业服务支撑体系形成

在发展都市型现代农业过程中，依托城市信息、绿色生产等先进技术手段，立足于城乡居民对农产品质量安全保障的实际需求，实施农产品质量安全追溯，推动全过程信息化；依托科研院所、企业等各类信息技术团队为农业生

产经营提供全过程、全方位服务，将移动互联网技术与农技服务进行深度融合，应用于各类农业生产主体，这些都将促进智能化农业服务支撑体系的形成。

第三节 国内外研究进展

一、国外研究进展

国外学者关于都市现代农业探索研究，发达国家的经济基础比较好。都市农业的研究和发展早于其他一些发展中国家。都市农业理论研究已进入成熟阶段，实践水平已达到较高水平。国外对都市现代农业的研究方向主要集中在：①都市现代农业的功能作用意义方面；②都市现代农业的效率方面；③都市现代农业可持续发展问题探索。

都市农业在20世纪初期就有一些有迹可循的案例，德国发行的《市民农园法》就是其中之一。日本的《大阪府农会报》在20世纪30年代第一次把“以易腐败而不耐储存的蔬菜生产为主的，同时又有鲜奶、花卉等多样化的农业生产经营”定义为“都市农业”，而“都市农业”这个专有名词的正式出现是1935年在青鹿四郎的《农业地理经济》中。美国对于都市农业的研究是在20世纪50—60年代，“城市农业区域”是它的早期名字。经济学的专家们开始聚焦这方面的研究是在看到美国农业经济学家艾伦尼斯的《日本农业模式》后，其中E. R. 休马哈和桥本卓尔等农业经济学者都对都市农业的概念进行总结。世界各国广泛地对于都市农业的研究热潮的兴起是在20世纪80年代以后，日本、新加坡、韩国等国家的专家和机构纷纷涌入其中。而在21世纪以后，都市农业的显著变化是其研究内涵大大扩展，这是由于城市化、工业化的步伐不断加快，人力资源、经济资源要素不断向城市聚拢，大都市圈的模式逐渐成形，尤其是对于特大城市发展农业而言，都市农业的内涵已经拓展成都市圈农业。都市农业的研究也开始变得百花齐放，内容思想逐渐深入扩大。

进入21世纪后，比较有代表性的研究主要有：R. B. 塔帕和Y. 修山（2008）将越南河内作为研究对象，运用层次分析法（AHP）和地理信息系统（GIS）评估农业用地情况，并建立了土地评估框架，为国家决策提供指导；A. 泽扎和L. 塔肖蒂（2010）通过15个发展中国家的家庭调查数据来分析都市农业在解决城市粮食保障方面的作用；L. 皮尔逊、琳达·皮尔森、C. 皮尔逊（2010）从社会、经济、环境三个维度研究都市农业的可持续发展问题，提出未来研究重点应当在确定都市农业可持续发展的原则以及创新都市农业体制机制等方面；L. J. 惠廷希尔和R. D. 布拉德利（2012）认为发展屋顶农业有助于缓解都市农业发展中的空间限制、土地使用权以及食品污染等问题，并且能给城市社区带来节约能源和雨水管理的好处；H. 贝列维和B. 鲍姆加特纳（2017）研究了中低收入国家都市农业的发展和需求，同时认为都市农业可以为发展中国家的粮食安全和减少贫困做出贡献。

二、国内研究进展

随着国内城市化程度越来越高，对于都市现代农业的研究也逐渐兴起，其研究主要集中在：①都市现代农业的界限概念上；②都市现代农业的可持续发展研究探讨；③对都市农业评价体系的研究；④都市现代农业的功能作用意义方面。

国内都市农业的研究起步稍晚，20世纪80年代早期，我国台湾地区第一个着手研究都市农业，经过多年研究，台湾地区形成了理论健全、运用广泛、运行顺畅、系统完整的都市农业，并且逐渐开始与其他产业相结合，协调发展。大陆第一次着手研究都市农业是在20世纪末，上海最早将“都市型现代农业”写入国民经济纲要中。与此同时，北京市农村经济研究中心和台湾一起举办了“城市化与都市农业”研讨会，之后编辑、印刷了《都市农业理论与实践》。现代农业加速发展得益于在2012年举办的全国都市现代农业现场交流会，两年后由举办了“菜篮子”工程建设现场交流会，在此强调了在当前现状之下都市农业的“六大功能”。紧接着，国内的大多数省市均对此开展了自己的探索，我国都市现代农业正在向思想正确、推陈出新、功能聚集、目标确定的方向发展。

国内学者研究比较有代表性的主要有：刘志伟（2008）采用综合指数法对武汉市都市农业产业体系发展水平进行总体评价，得出该市都市农业发展已取得一定成果，但还有较大潜力没有挖掘；关海玲（2010）使用DEA方法评价太原市都市农业效率，得出该市农业综合效率、规模效率、技术效率逐年改善，农业可持续发展能力强，但仍有个别年份存在投入规模过大、结构不合理的问题；吴德慧（2012）认为集群式发展有助于提升都市农业的竞争力，大力优化都市农业集群式发展的空间格局，培育科技领军农业企业，提高农业企业管理和组织水平有利于延长都市农业产业链；李卫芳（2012）基于数据包络分析模型以及建立在距离函数基础上的非参数指数对北京市都市型现代农业效率进行评价，得出生态功能发展水平远低于经济功能发展水平的结论；李丽（2014）认为破除都市农业的发展障碍，要以市场需求为根本动力，以完善的政策制度为保障，以科技创新和进步为支撑，以龙头企业和专业化合作社为引擎，扶持都市农业的产业化发展，形成产业集群；冯海建（2014）认为都市农业生态演化格局是区域人口增长、城市化与经济发展、产业结构调整、技术革新等多种因素综合作用的结果。

第四节 都市型现代农业的基础理论

一、都市型现代农业的界定与发展模式

（一）含义界定

目前，都市型现代农业的权威界定仍无定论，国内学者们的代表性观点主

要有以下几种。

1. 都市型现代农业是指处于都市市区或其周边地带，与都市的经济、文化、生态等诸多方面互利互赖、融为一体，并具有经济性、生态性、文化性等多种功能的可持续型现代农业。

2. 都市型现代农业是特殊形态的现代农业，也是高级形态的城郊型农业。其基本含义可概括为：在高度城市化的大都市中和市郊的农业区，依托都市的辐射和按照都市的需求，建设融生产性、生活性、生态性于一体的现代化大农业系统。它是一种高度规模化、产业化、科技化、市场化的农业。

3. 都市型现代农业作为一种新型的农业形态，是伴随着城市化、工业化的高度发展和城市与农村进一步相互融合而产生的一种集农业的经济、生态、示范、社会等功能为一体的可持续发展农业。

4. 都市型现代农业是以大城市、特大城市和沿海港口城市的郊县和周边的自然资源为基础，以从城市引进的多数非自然的现代化经济要素为主体，以现有的城郊型农业为起点，以国际、国内两个市场为导向，以生产高档优质的名、优、稀、特精品，满足休闲旅游观光的精神产品和改善城市环境质量的生态产品及其前延、后续产品为主，具有都市特色的多功能现代化农业。

5. 都市型现代农业是社会经济发展到较高水平时，在整个城市区域范围及环城市圈形成的依托并服务于城市，促进城乡和谐发展、功能多样、业态丰富、产业融合的农业综合体系，是城市经济和城市生态系统的重要组成部分，是现代农业在城市的表现形式。

综合以上对都市型现代农业的不同认识，结合国内现代农业，尤其是北京、上海、广州、深圳等地的都市型现代农业发展现状，认为都市型现代农业应为位于城市及周边地区，依托城市的科学技术和现代设备，遵从都市发展战略，服务都市，以城市需求为导向，利用田园景观、自然生态及环境资源，结合农林牧渔生产、农业经营活动、农村文化及农家生活，为人们提供食品供应及休闲旅游、体验农业、了解农村提供场所的现代农业形态。简而言之，都市型现代农业就是都市农业和现代农业的有机结合，以都市农业作为发展的核心内容，以现代化生产方式作为发展的实现手段，将农业的生产、生活、生态（简称“三生”）功能融合于一体的农业形式。

（二）发展模式

基于地域之间千差万别的自然资源、地理环境和经济情况，使之在发展都市型现代农业上也形成了以下不同的模式。

一是供给保障优先模式。在这种模式下，发展都市型现代农业的首要目标是保证城市居民的基本农产品供给，满足人民的生活物质需求。通过帮助建立农场，监督种植条件，检查产品质量等措施，让都市型现代农业起到保证供给量，稳定物价，促进社会安定和人民和谐的作用。

二是休闲旅游带动模式。都市型现代农业作为城市周边可接近的绿地，成为人民休闲旅游、健康养生、享受田园风光的好去处，推动了农业经济、旅游经济发展，同时又传承和发扬了中国传统的农耕文化，寓教于乐，文化旅游。

三是产业园区引领模式。结合工业化发展的都市型现代农业汲取了工业化先进的理论基础，继承现代化生产的高科技设备，辅助以科学的管理手段，将都市型现代农业建设成为机械化、自动化的高技术含量产业园区。

四是科技创新驱动模式。都市型现代农业得天独厚的地理位置，为城市先进的农业研究提供了实验场所，结合高水平学科人才和资深研究机构的都市型现代农业能够实现将最新的研究发现运用于实践，造福人民。

五是多元融合发展模式。组合采用以上介绍的多个模式协调发展都市型现代农业，达到多方面发展，多方面受益的效果，提升都市型现代农业多元化进步。

二、都市型现代农业的相关理论

（一）城乡一体化理论

城市与乡村是两种人类集聚居住的空间，城乡一体化理论的产生依托社会发展为背景，在城市化、科技化、工业化以及现代化的发展过程中，农村和城市之间的差距越来越小，之前城乡之间不可逾越的鸿沟，如今已被时代的发展抚平。城乡一体化的大力发展打破了传统的二元经济结构，使城乡资源得到了最大化利用。城乡一体化的发展确保并促进了生产要素的合理流动，城市优越的基础设施逐步延伸到乡村，乡村又为城市的发展和扩张提供了土地资源，二者形成了双赢局面，进一步的缩小了城乡之间的差距，加速了城乡的融合以及发展。城乡一体化不仅包含城乡体制的一体化，同时还包含经济融合、社会衔接等层面的一体化，因此，都市型现代农业的发展需要城乡一体化提供发展的支撑，为其快速发展奠定基础。另外，在表现形式上，城乡一体化表现为城市渗透农村，农村融入城市，二者达到有效融合形成双赢的局面。随着社会城镇化的进一步发展，现代都市农业的发展有了更深层次的进步，其与都市农业在经济、社会以及文化上共同发展，相互交融，极大地促进了城乡一体化的发展。

（二）产业结构演进理论

产业结构优化是指根据市场需求，调整产业结构变化，实现最佳供需关系，推动产业合理化、多元化的过程，最终实现经济的持续快速发展。比较优势不是固定不变的，是会随着经济形势以及劳动力成本、科技发展等发生相应转变，达到一个新的平衡。一方面，要比较特殊的经济发展阶段，譬如计划经济时代或者市场经济时代，需要根据产品数量、供需关系和社会目标都能够做好相应的调整；另一方面，当科技进步或者劳动力有所提升时，也需要根据实际的生产效率、生产成本等做好产业结构的调整，就需要改变原先的产业格局，也促使产业向更加经济、更加实效的方向发展。

（三）农业现代化理论

农业现代化水平的高低可反映一个国家农业的现代化发展水平，在对其研究过程中可发现，水平高低是一个相对概念。随着各国学者对农业现代化理论研究的逐步深入，发现农业现代化有以下基本特征：①现代化农业的生产条件高度机械化、流程化、工厂化以及标准化；②科学技术含量高；③先进的管理理念；④富含信息化以及规模产业化；⑤农业发展健康可持续化；⑥现代化农业发展的好坏，受到农民素质的直接影响。农业现代化的发展是由传统的农业转变而来，而都市型现代农业正是这种转变的新兴农业形态，依托城市发展，以大都市市场需求为导向，进而更好地使用现代化农业的发展需求。都市型现代农业是以观光休闲农业、绿色农业以及高科技现代农业为标志，并以可持续发展战略为主要战略导向的现代化农业。

（四）可持续发展理论

可持续发展理论概念的研究兴起于20世纪60年代，可持续发展概念的提出符合当时社会整体发展情况。当时世界各国经济得到迅速发展，各种先进的生产技术被广泛应用，生产力以及成产规模得到了迅速扩增，与此同时，伴随经济发展也带来了一系列的生态环境恶化问题，为有效解决这些问题而提出了可持续发展理论，并迅速成为当时世界共同关注的问题，各国都采取了积极措施来减轻由经济快速发展所带来的环境负面问题。都市型现代农业与“可持续农业”进行充分的结合，可在一定程度上解决有机农业、生态农业等都市型农业所面临的资源和环境危机，进而更好地为都市型现代农业而服务。现代都市农业作为可持续发展农业的重要组成部分，其发挥了重要作用，在生产过程中不仅局限于农业的经济价值，同时更应注重生态环境以及资源高效利用的问题，提高其可持续发展，提高农民经济收入，同时也能更好地保护自然资源，高效持久地利用有限资源，进而改善人们的生存环境。由此可知，都市型现代农业体现了区域特点生态农业的同时，也强调了生态功能的重要性。

第五节　国际成功经验与启示

一、经　验

（一）法国

法国法兰西岛大区是高度城市化的地区，但仍有着非常发达的农业。农业面积59万公顷（占49%），林地27.9万公顷（占23%），非农业用地占28%。从农业的产业结构来看，法兰西岛大区以种植业为主，种植业收入接近92%，畜牧业收入刚刚超过8%。从种植业的产品结构来看，谷物种植面积约32.7万公顷，占农地的55%；油菜、甜菜种植面积都在4万~5万公顷，总计占16%；蔬菜、马铃薯种植面积分别为2 600公顷和9 300公顷，总计占农地的2%；果园约为1 800公顷和花卉种植约5 000公顷，分别占0.3%和不到0.1%。

法兰西岛大区的农业生产是以私人农场为主。在近7 000个农场中，种植大田作物的农场占70%，园艺蔬菜农场占11%，畜禽农场占6%。这个数值反映出法兰西岛大区农业的明显特点如下。

一是农场规模较大，一般都有几百公顷农田。

二是“菜篮子”产品的农场规模较小，一般为10公顷以下。

三是农业的经济效益较高，种植业和畜牧业的总利润同总收入的比例大致保持在35%以下。除农牧业生产外，农业对生态、景观、休闲和教育方面的功能比较显著，利用农业限制城市进一步扩张；利用农业作为巴黎与周边城市之间的绿色隔离带；利用农业把四通八达的高速公路、工厂等有污染的地区与居住区分隔开来，营造一种宁静、清洁的生活环境；利用农业作为城市景观，有的种植新鲜的水果、蔬菜、花卉等居民需要的产品，有的作为市民运动休闲的场所，还有的作为青少年的教育基地。

（二）荷兰

荷兰是一个典型的人多地少的国家，人口密度达每平方千米435人，是世界上人口密度最大的国家之一。就是这样一个土地十分珍贵、农业资源相对贫乏、在20世纪50年代尚未解决温饱问题的小国，到60年代末一跃成为全世界仅次于美国和法国的第三大农业出口国，某些农产品如蔬菜、花卉、猪肉、马铃薯、鸡蛋等出口量均居世界第一位。荷兰农业产值仅占GDP的4%，但农产品的出口创汇却占全国出口创汇总收入的1/4。都市型现代农业是该国整个农业发展的龙头。荷兰的农业结构主要是奶制品、花卉及蔬菜。花卉、蔬菜及奶制品加工基地都在都市的郊区。由此可见，都市型现代农业在荷兰这个面积不大的国家中起着主导作用。

（三）日本

日本是一个土地资源十分有限的岛国，经过20世纪60—70年代的经济高速增长之后，城市扩张迅猛，城市周边地区的地价不断上涨。由于土地属于私有制，为保留土地以达到增值的目的，一些农户不愿过早出卖自己所拥有的土地，于是将继续耕种的土地在高楼大厦林立的城市内保留了下来。人们逐渐发现，在城市零散的耕地上生产的嫩绿的蔬菜、鲜艳的花卉，不仅为城市增添了绿色，增加了观赏的景点，而且改善了城市的生态环境，有不容忽视的存在价值。

经过近半个世纪的发展，日本的都市型现代农业取得了巨大成就，目前其主要集中在三大都市圈内，即东京圈、大阪圈和中京圈。其特点如下。

一是呈点状和片状分布。由于日本人多地少，日本政府为保护耕地采取了一些较为有效的土地税收制度，所以在市区还保留了面积不大（5公顷以下）的点状分布和面积较大（5公顷以上）的片状分布的耕地。

二是蔬果生产占主导地位的都市型现代农业生产结构。这是为市民提供优质农产品和绿化环境的需要。

三是园艺生产设施先进。在财政重点扶持下，园艺设施基本上实现了小型化、集约化和现代化。

四是都市观光、休闲、体验农业是都市型现代农业重要组成部分，这是改善生态环境和休闲的需要。

（四）新加坡

新加坡是一个城市经济国家，面积只有556平方千米。自然资源匮乏，农产品不能自给，甚至连沙石、水、食品都需要进口，当地只生产少量蔬菜、花卉、鸡蛋、水产品和乳制品等，加上城市化发展后耕地不断减少，因此非常重视都市农业向高科技、高产值发展。新加坡都市型现代农业的发展模式主要有以下两种。

1. 现代化集约的农业科技园

这是新加坡重点的都市型现代农业模式。新加坡都市型现代农业的发展以追求高科技和高产值为目标，以建设现代化的农业科技园为载体，最大限度地提高农业生产力。农业科技园的基本建设由国家投资，然后通过招标方式租给商人或公司经营，租期为10年。

2. 农业生物科技园

此种模式的园区占地10公顷，拥有现代化先进设备，进行新农业技术（如动植物基因研究、新品种选育等）研究开发工作。

二、启　示

通过对法国、荷兰、日本、新加坡四个国家的都市型现代农业发展历程以及创造的丰富成果和经验研究分析，结合中国国内农业结构、城市发展、现代农业方向，得到以下启示。

（一）加强顶层设计，提供良好的外部环境

都市型现代农业涉及多学科、多领域，是一项复杂的系统工程。政府应加

强顶层设计，各地因地制宜地制定切实可行的都市型现代农业发展规划，并将其纳入城市社会经济发展规划和城市总体规划中去。同时，要为其创造一个良好的外部环境。在政策上，政府要加快推进各项制度改革，建立和完善一套适合都市型现代农业发展的政策体制。在金融上，政府要加大对支农资金的支持力度，提高资金的使用效率，还要积极引导社会、企业、个人对都市型现代农业进行投资，扩大资金的来源。在法律上，政府应尽快制定和完善与都市型现代农业发展相联系的法律法规，使其在发展过程中遇到的各种问题能通过法律途径解决，为其健康发展撑起一顶有力的“保护伞”。

（二）坚持以市场为导向

发展都市型现代农业离不开资源优势，但资源优势不等于市场优势，资源优势必须面向市场，才能转化为竞争优势。要以市场为出发点和归宿地，不断分析市场、研究市场、满足市场。这就要求做到：一是正确定位市场，坚持生产本地资源优势的特色产品。二是找准目标市场，如为高级宾馆、国际连锁店、大型加工厂提供订单农产品。三是提供科技含量高的产品和服务，广泛应用生物技术、信息技术、绿色技术，采用新材料、新科技、新设施，提升档次，扩大产品销路。四是注重对休闲、观光农业的包装、宣传，不断开拓市场。

（三）坚持以高科技为支撑

一方面，推进都市型现代农业由传统技术向高新技术的转变。从总体上说，我国都市型现代农业的科学技术水平还比较低，应加快淘汰落后的传统技术，引进实用的高新技术，大力调整产业结构，引导都市型现代农业向高科技型经济过渡；另一方面，提高劳动者的知识水平，制定新的人才兴农战略，加快对都市型现代农业生产者知识性、技能性培训的力度。

（四）实现都市型现代农业的多功能性

城市发展水平决定都市型现代农业发展道路，决定了都市型现代农业的发展模式。对于城市化水平高、经济发展快速的地区，可以发展如观光农业、生态农业、休闲农业、体验农业等，以加强生态功能，满足城市居民的需要；对于一般地区，则需要以生物农业、创汇农业、设施农业、精品农业为主，提升都市型现代农业的经济功能；而在一些传统的产粮区，则可以通过现代农业技术和新物种的应用，大幅提高农业生产的产量和质量。

第 2 章　规划区概况与 SWOT 分析

为了大力发展都市型现代农业，推进农业侧供给改革，天津市滨海新区“十三五”规划，关于农业方面提出坚持沿海现代都市型农业发展方向，大力发展高效种植业、高端畜牧业、现代渔业、种源农业，着力推动现代农业聚集区建设。深化土地制度改革，依法推进土地经营权有序流转。推进农业经营方式创新，加快培育家庭农场、专业大户、农业合作社、农业产业化龙头企业等新型农业经营主体，培育新型职业农民。提升农业机械化水平，推进物联网、智能装备等在农业生产经营领域的广泛应用。

天津市滨海新区是国务院批准的第一个国家综合改革创新区。2016 年全区经济生产总值 10 002.31 亿元，第一产业完成 11.81 亿元，第二产业完成 5 943.76亿元，第三产业完成4 046.74亿元，农业总产值完成 30.47 亿元，增长 2.4%；小王庄镇坚持用工业化思维谋划农业，用市场化手段经营农业，自 2008 年以来，全镇全力推进滨海新区现代都市农业产业聚集，共建设 5 个农业园区。天津农垦津港有限公司（又名天津市北大港农场），截至 2016 年年末，公司资产总额26 825万元、所有者权益 320 万元、营业收入为2 692万元、利润总额为 8 万元。北大港农场调整产业结构后增加特色养殖业，打造了绿色、无公害的精品瓜果、蔬菜、健康生猪的三大系列的农产品，做好食品集团安全产业链的“从田间到餐桌”的第一步。

天津农垦津港有限公司离市区近、生态资源丰富、产业基础良好、要素集成优势明显，但也存在淡水资源短缺、基础设施落后、产业联动不足等劣势，体现现代农业发展的产业化、规模化、基地化的生产格局尚未形成，产业结构不合理，农产品加工发展滞后，带动周边农民增收比较缓慢。实施农业提升改造，提高农业发展的质量和效益，已经成为目前天津农垦津港有限公司、小王庄镇甚至整个滨海新区农业加快持续发展的突出问题。

天津农垦津港有限公司作为天津市滨海新区农业生产聚集区域，资源丰富，产业基础良好，地理位置优越，现代农业产业园区的建设，可以形成乡村发展新动力，农民增收新机制，乡村产业融合发展新格局，为都市型现代农业建设和乡村产业振兴创造新经验、新模式。

第一节 规划区概况

一、自然资源

（一）气候条件

规划区属暖温带大陆性半干旱季风气候，春季干旱多风，夏季高温高湿，年平均气温 12~15℃，最低-15℃，最高 39℃，年积温4 200℃，无霜期 220 天左右，年平均降水量 400~500 毫米，雨量多集中在 7、8 月。

（二）水资源

规划区东部有北大港水库自然保护区，北大港水库库容量为 4 亿立方米，南连青静黄排水渠，北邻钱圈水库，农场内部排水渠道纵横，节排水设施较为齐全。地下水属较强开采区，浅层水质适宜农业灌溉，可保证未来设施农业发展的需要。

（三）土壤资源

规划区土壤属黑黏土性质，透水性较好，失墒期短，有机质含量高，适宜发展农业生产。

二、区位交通

滨海新区位于环渤海经济区的中心地带，是东北亚大陆桥的起点和我国“三北”地区重要出海口之一。区内海港、空港发达，高速公路、铁路和航运四通八达。优越的地理位置和便捷的交通为现代农业发展提供了有利的区位条件。

规划区坐落于天津滨海新区西南小王镇，与荣乌高速，津淄高速、钱顺路等相毗邻，坐拥黄万铁路北港站，距天津市区车程仅 30 分钟，距天津滨海国际机场 65 千米，距天津港 73 千米，距黄骅港 100 千米，交通运输便捷，区位条件极其优越。

三、人文条件

（一）城市建筑

1. 古代建筑

天津是著名的历史文化名城。现有全国重点文物保护单位 15 处，包括独乐寺、大沽口炮台、望海楼教堂、义和团吕祖堂坛口遗址等。被列为世界文化遗产的黄崖关长城，有各种造型的楼台 20 多座，盘旋于群山峻岭之中，四周风景优美如画。全市现有市级重点文物保护单位 113 处，区县级重点文物保护单位 100 多处。

2. 近代建筑

天津素有万国建筑博览会之称，城市建筑独具特色，既有雕梁画栋、典雅朴实的古建筑，又有众多新颖别致的西洋建筑。有英国的中古式、德国的哥特式、法国的罗曼式、俄国的古典式、希腊的雅典式、日本的帝冠式等。

3. 现代建筑

新时期天津建造很多风格迥异的建筑，如建成时中国第一高的天津广播电视塔，具有欧式风情的津湾广场、天津音乐厅，融合中国传统折纸艺术元素的现代风格建筑津塔，拉德芳斯区新凯旋门风格的津门建筑群，玻璃与钢结构形如天鹅的天津博物馆，跨越海河永乐桥上的“天津之眼”摩天轮，大型现代火车站天津站、天津西站以及天津站旁的全金属质地的世纪钟等。

4. 地标建筑

津塔是天津新的地标式建筑，津塔高 336.9 米，成为长江以北中国地区第一高楼，在中国建成的摩天大楼中排名第 7 位，在世界建成的摩天大楼中排名第 25 位；鼓楼是渔阳古城标志性建筑，是天津地区现存最古老的城楼，同时也是城内布局之轴心，十字街头分界点；津湾广场坐落于和平区解放路金融街地区，是天津 20 项重大服务业项目之一，是天津金融城标志性区域；天塔位于河西区聂公桥南、紫金山路与津溜公路汇合处，天塔总高度 415.2 米，占地 300 亩（1 亩≈667 平方米，1 公顷 = 15 亩，全书同），为世界第四、亚洲第二高塔，建成于 1991 年，耸立于碧波与云霄之间，是世界上唯一一座“水中之塔”，其势如剑倚天，享有“天塔旋云”之美称；“天津之眼”是永乐桥摩天轮，是世界上唯一建在桥上的摩天轮，其直径 110 米，轮外装挂 64 个 360 度透明座舱，每个座舱可乘坐 8 个人，可同时供 512 个人观光。

（二）地方特产

天津的小吃与特产数目众多，尤其以“天津三绝”著名。天津的小宝栗子格外有名，其产品出口世界各国。天津在 20 世纪 80 年代末兴建了南市食品街、服装街、旅馆街，集吃、穿、住为一体。天津知名度较高的小吃如下。

天津三绝：天津三绝历来有两种说法，其一是被称为天津风味小吃“三绝”的狗不理包子、十八街麻花和耳朵眼炸糕；其二是被称为天津民间工艺“三绝”的泥人张彩塑、杨柳青年画和风筝魏风筝。

特色小吃：糖礅、大饼鸡蛋、茶汤儿、果仁张、崩豆张、面茶、杨村糕干。

特色早点：煎饼馃子、锅巴菜、老豆腐、果子、烫面炸糕、卷圈、荷包蛋、糖果子、果篦儿。

天津特产：天津甘栗、天津冬菜、天津大白菜、独流老醋、狗不理包子、十八街麻花、耳朵眼炸糕。

（三）风景名胜

天津旅游资源丰富，市区依河而建，景色优美。1989 年评选出的津门十景分别是天塔旋云（天津广播电视塔）、蓟北雄关（蓟县黄崖关长城）、三盘暮雨（蓟县盘山）、古刹晨钟（蓟县独乐寺）、海门古塞（大沽口炮台）、沽水流霞（海河风景线）、故里寻踪（古文化街）、双城醉月（南市食品街、南市旅馆街）、龙潭浮翠（水上公园）、中环彩练（中环线）。这些景观既有名胜古迹又有新貌新颜，是新时代天津旅游景观的代表。此外，还有大悲禅院、五大道、“天津之眼”、津湾广场、天津瓷房子、佛罗伦萨小镇等景点。

四、土地利用状况

根据《土地利用现状分类》（GB/T 21010—2017），结合规划区地上覆盖物情况，可将其土地分为永久基本农田、园地、林地、设施农用地、一般农田、坑塘水面、城镇住宅用地、交通运输用地、建设用地、工业用地等类型，各种用地类型占地情况见表 2-1，土地利用现状见图 2-1。

表 2-1　各种用地类型占地情况

用地类型	占地面积（亩）	地上主要附着物
永久基本农田	10 706.58	玉米、苜蓿
园地	853.86	设施蔬菜
林地	9 097.24	果树、苗圃地、葡萄
设施农用地	1 572.25	猪场、牛场

（续表）

用地类型	占地面积（亩）	地上主要附着物
一般农田	6 262.02	玉米
坑塘水面	3 293.93	水面
城镇住宅用地	1 371.98	居民区
交通运输用地	256.84	公路、铁路
建设用地	209.11	办公区
工业用地	194.37	箱包厂

五、农业资源状况

近年，天津农垦津港有限公司致力于做好绿色无公害瓜果、蔬菜、生猪三大系列农产品，并全力打造“从田头到餐桌”安全产业链服务。同时公司在粮食经济作物、优质水果种植及特色养殖方面积累了丰富的经验。

目前规划区境内专业化养殖场 8 家，其中规模化养牛企业 6 家，规模化生猪养殖企业 2 家。经营耕地 14 562 亩（苜蓿 5 000 亩）、园地 2 346 亩、林地 4 322亩。

养殖业以猪、牛养殖为主，2017 年年底猪存栏量为 14 345头，牛存栏量为 8 177头，规划区内养殖企业及存栏数详见表 2-2。

表 2-2　2017 年养殖企业及存栏数

企业名称	养殖类型	存栏数（头）
津港天兆	猪	14 105
宏邦	猪	240
嘉立荷十场	牛	19 40
嘉立荷十一场	牛	1 941
嘉立荷十四场	牛	2 308
长泰	牛	575
惠泽	牛	535
誉利	牛	878

图2-1 土地利用现状

种植业以谷物、水果、蔬菜为主。2017 年农作物总播种面积为 14 168 亩，其中小麦播种面积为 2 666 亩、产量为 586.52 吨，玉米播种面积为 4 093 亩、产量为 1 309.76 吨，水果种植面积为 2 319 亩、产量为 484.67 吨，蔬菜种植面积为 150 亩、产量为 300 吨。其他农作物种植面积为 7 525 亩、产量为 3 160.5 吨，详见表 2-3。规划区水果种植种类有苹果、梨、葡萄、桃、杏、李子等，且主要以种植葡萄、苹果为主，2017 年葡萄和苹果的种植面积分别为 1 752 亩、429 亩，分别占水果总种植面积的 75.5%和 18.5%，详见图 2-2。

表 2-3　2015—2017 年农作物种植面积及产量

种类		年份	面积（亩）	产量（吨）
粮食	小麦	2015	未种植	无
		2016	未种植	无
		2017	2 666	586.52
	玉米	2015	6 246	绝收
		2016	8 468	2 540.18
		2017	4 093	1 309.76
水果		2015	2 409	2 507.85
		2016	2 323	1 009.34
		2017	2 319	484.67
蔬菜		2015	150	290.00
		2016	178	286.20
		2017	150	300.00
其他		2015	3 206	1 442.70
		2016	3 206	3 565.00
		2017	7 525	3 160.50

综合分析规划区 2015—2017 年种植情况，粮食、水果、蔬菜的种植面积年际间基本稳定，但产量不稳定，其中水果产量还出现逐年下降现象，详见图 2-3。

分析规划区 2015—2017 年水果和蔬菜产值情况发现，水果产值逐年下降，

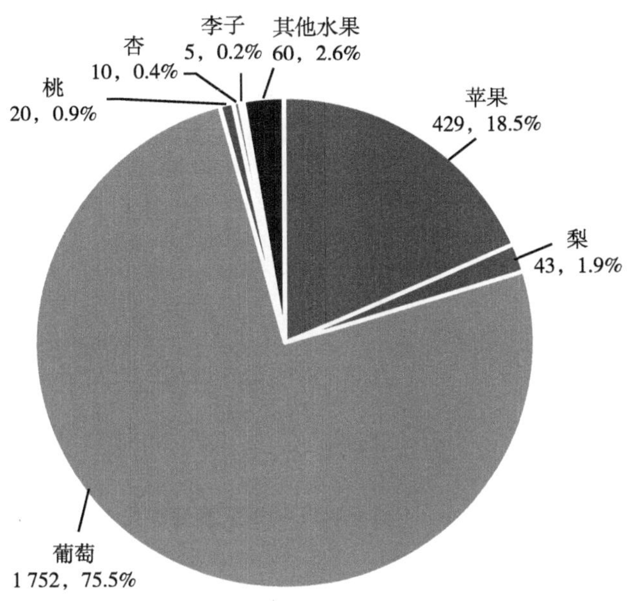

图 2-2　2017 年水果种植种类及面积占比（单位：亩）

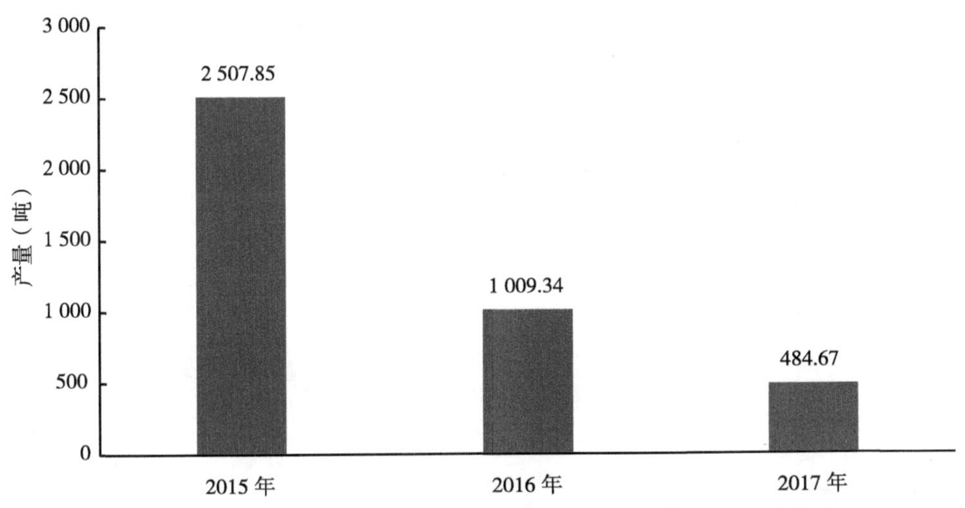

图 2-3　2015—2017 年水果产量情况

水果、蔬菜产值存在不稳定现象，详见图 2-4 和图 2-5。

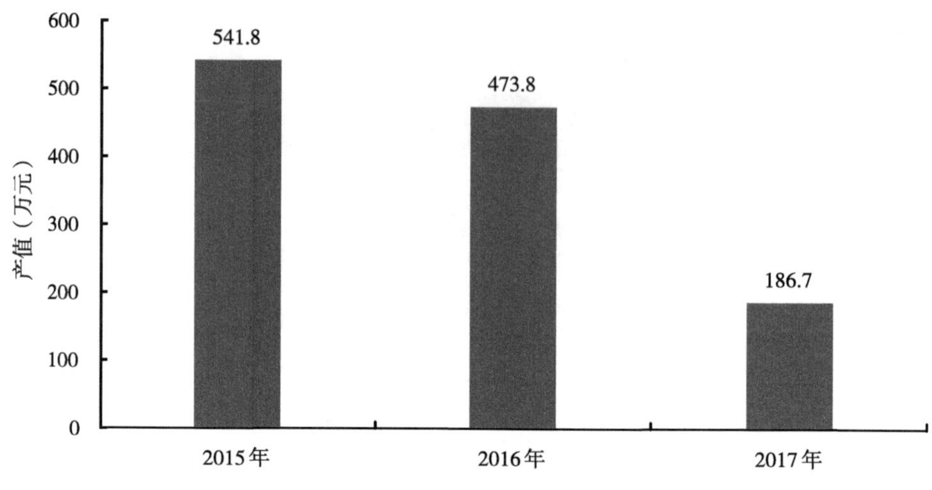

图 2-4　2015—2017 年水果产值情况

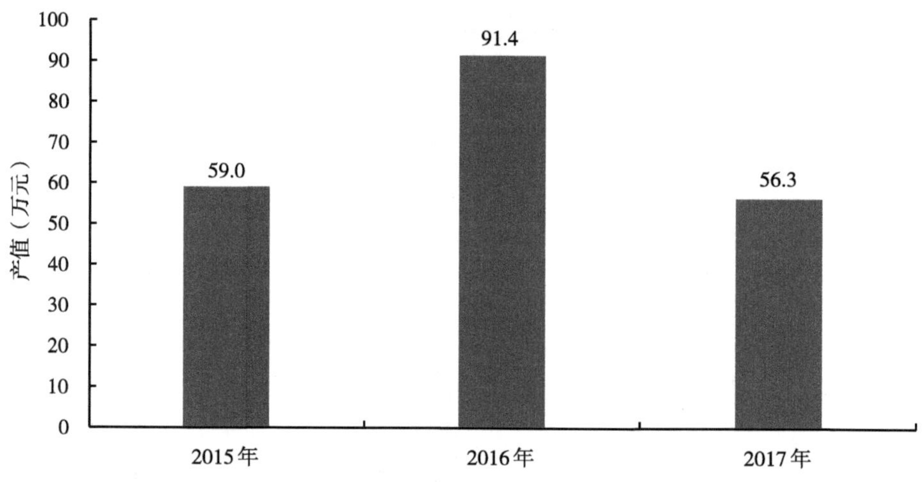

图 2-5　2015—2017 年蔬菜产值情况

六、经营主体现状

天津农垦津港有限公司隶属于天津市食品集团。始建于 1956 年，是一个集农、工、商各业全面发展的综合性企业。公司现有职工 176 人，其中在职职工 73 人，专业技术人员 30 人。目前主要经营精品果树种植、设施蔬菜、林下经济、现代农业开发、自由土地及房地产开发。天津农垦津港有限公司所处区域，自然条件优越。天津农垦津港有限公司努力建设成为多种经营、农工商各业全面发展，经济繁荣，职工富裕，安定、和谐、文明、全面进步的现代企业。

天津农垦津港有限公司主要负责规划区整体的经营、管理、维护工作，同时按照专业化运营理念，通过经营合作的方式，引入宏邦、长泰、惠泽、誉利等专业化公司或技术团队进行专业化运营，助推规划区都市型现代农业的发展。

七、场地环境

规划区自然条件良好，附近 20 千米无工业、企业及其他污染源，属于平原地貌类型，平坦开阔，地面高程在 2.5～3.4（2008 大沽高程系），西北低，东南高。

第二节　SWOT 分析

一、优势分析

（一）自然条件适宜，产业基础良好

规划区土壤肥沃，气候适宜，水源丰富，有利于种植玉米等粮食作物和棉花、大豆等经济作物；桃、李、杏、苹果、葡萄、西瓜等优质水果；养殖猪、牛、羊、鸡、鹅、鸭、兔等畜禽和鱼虾等水产品。

此外，规划区土地平坦，且目前农场农业产业发展已具备一定规模，有利于种养循环现代生态农业产业园的建设。

（二）地理位置优越，交通条件便利

天津位于华北地区渤海沿岸，紧邻首都北京，是北京通往东北、华东地区铁路的“交通咽喉”和远洋航运的港口。天津对内腹地辽阔，辐射华北、东北、西北13个省市自治区，面向东北亚，是中国北方最大的沿海开放城市，也是京冀居民最爱的短途旅行地。天津市滨海新区位于环渤海经济区的中心地带，区内海港、空港发达，高速公路、铁路和航运四通八达。位于滨海新区的天津港是世界等级最高、中国最大的人工深水港、吞吐量世界第四的综合性港口，服务和辐射京津冀及中西部地区的14个省市自治区。

规划区位于天津市南部，坐落在滨海新区大港辖区范围内，距市区40千米，距静海区和大港城区各30千米，紧邻205国道、钱顺快速、津汕高速（距津汕高速入口处3千米）横穿项目地，优越的区位和便捷的交通为规划区都市型现代农业发展提供了有利的条件。

（三）社会经济良好，发展潜力大

天津属于我国直辖市、国家中心城市、超大城市、环渤海地区经济中心、首批沿海开放城市、改革开放先行区。截至2017年年末，天津市常住人口1 556.87万人，社会消费品零售总额5 729.67亿元，人均可支配收入3 7022元，高新技术企业达4 093家。2017年中国百强城市排行榜排第5位。经济发达，社会实力雄厚。

规划区所在的滨海新区位于天津东部沿海地区，环渤海经济圈的中心地带，被誉为“中国经济第三增长极”。2017年，滨海新区地区生产总值同比增长6%，城乡居民人均可支配收入分别增长8.1%和8.3%，区域经济和人民生活水平不断提升，农业产业化取得新成效，产业聚集效应充分显现。随着区域社会经济的发展及京津冀协同发展战略的推进，为进一步发挥好滨海新区的承接和辐射带动作用，现代农业产业园的建设极具市场前景。

二、劣势分析

（一）缺乏总体形象策划，特点不突出

规划区统一的都市型现代农业形象尚未形成，生产条件和基础设施尚待丰富与完善，缺乏核心竞争产品，园区特色、产业定位模糊，知名度相对缺乏。

（二）农业品牌不够响亮，建设刚起步

一方面，整体内容欠缺特色，没有显出优势及核心竞争力，品牌优势不明显。另一方面，建设规模较小，尚未形成有一定规模的产业基础。随着社会发展，农业现代化的进步及乡村振兴战略的推进，需趁早采取措施，铸造核心竞争力，以争取市场竞争主动权，发挥园区的示范带动作用。同时，应开展强有力、全方位的宣传攻势，打造品牌形象，把品牌优势转化为市场优势，扩大园区影响力。

三、机遇分析

（一）社会经济发展的需要

天津市政府坚持以科技创新引领动能转换，促进产业提质增效，经济发展在调速换挡中实现优化升级，产业结构持续优化，社会生产总值和人民生活水平不断提高。经济实力的不断增强，使滨海新区已具备“工业反哺农业，城市带动农村，城乡互动，协调发展”的能力和条件。

同时，伴随生活水平的提高，城市居民的生活方式、休闲方式正在发生变化，对品质好、有利于健康、无公害的绿色食品越来越青睐，对可以休闲娱乐、劳动健身、缓解精神压力的农业观光旅游需求也越来越大，为都市型现代农业全方位发展，开辟了广阔的市场前景。

此外，天津属于直辖市，为国家经济发展新一线城市，农业用地有限，且处于京津冀区域重要节点，具有较强的影响力，都市型现代农业产业园的建设

很有必要。

（二）技术背景雄厚，研发基础优良

天津市科研院所集中，具有较强的科技实力和较高的科研水平。依托天津市的科技优势，滨海新区聚集了众多科技研发机构和高科技人才，拥有较为完善的贸易、加工、物流企业和信息服务平台，为农业科技开发、成果转让、农产品加工贸易提供了便利的条件。

通过科技与服务的结合，聚集技术、资本、信息等现代农业服务要素，有助于规划区实现高端服务、总部经济研发、产业链创新和先导示范四大功能，形成“高端研发、品牌服务、营销管理在津，生产加工在外”的现代农业产业模式，推动产业、区域、村镇整体功能的突破与升级。

四、威胁分析

（一）客观制约因素较多

滨海新区农业对农民的收入贡献率比较低，农民收入水平不高，城乡居民收入之比为2：1，限制了农民从事农业积极性的发挥；另外，农民科技文化素质不高，高新技术应用能力不强，难以适应现代农业发展的要求。农村、农业管理制度和体制改革滞后，特别是集体土地流转制度、农村社会保障制度、城乡户籍制度、农业税收及金融信贷政策、农产品流通体制、城乡协调发展等制度和政策还不能完全适应农业现代化发展的要求。

（二）资源环境亟待改善

农业发展空间压缩，水环境污染较为严重。随着工业化、城镇化进程加快，建设用地需求量不断扩大，导致农业发展空间进一步压缩，受农业面源污染和工业“三废”污染影响，区域水环境，尤其是近海水域环境污染较为严重，给都市型现代农业的健康发展造成一定影响。

第3章　定位与目标

第一节　指导思想

坚持以“创新、协调、绿色、开放、共享”五大发展理念为引领，围绕创建国家级都市型现代农业示范区目标，以农业供给侧结构性改革为主线，以高质量发展为核心要素，立足优势特色产业，紧密衔接田园综合体建设，以规模化种养基地建设、农业产业化龙头带动、现代生产要素聚集为依托，建设以“生产+加工+科技”为主要内容的现代农业产业集群，促进一、二、三产业融合发展。

围绕实施乡村振兴战略，以市场需求为导向，以资源禀赋为基础，以产业兴旺、农民增收作为中心目标，把提升产业开发水平作为首要任务，把提高农业综合生产能力作为主攻方向，大力推进农业供给侧结构性改革，加快培育新型农业经营主体，全面构建现代农业产业体系、生产体系、经营体系，不断提高现代农业经营集约化、组织化、规模化、产业化水平，创新农民增收利益联结机制，培育农业农村发展新动能，打造高起点、高标准的现代农业建设样板区和乡村产业兴旺引领区，引领天津市都市型现代农业向形态更高级、结构更合理、融合更深入迈进，为农业农村现代化建设和乡村振兴提供有力支撑。

第二节　基本原则

一是政府引导、市场主导。强化政府的规划引领、机制创新、政策支持和配套服务，充分发挥市场主体在产业发展、投资建设、产品营销等方面的主导作用。

二是以农为本，创新发展。突出发展优势特色主导产业，拓展产业链，提升价值链，挖掘农业多种功能，坚持姓农、务农、为农和兴农要求，坚决防止农业产业园非农异化。

三是多方参与，农民受益。倡导开门办园、“有边界、无围墙”，发挥农业产业化龙头企业带动作用，注重吸引多元主体参与产业园建设。坚持强农、惠农，带动农民发展生产和就业增收，让农民分享产业园发展成果。

四是绿色发展，生态友好。牢固树立“绿水青山就是金山银山”理念，构建绿色、低碳、循环发展长效机制，率先实现“一控两减三基本”，污水、废气排放达标，垃圾有效处理。

第三节　发展战略

一、产业融合战略

依托天津北大港农场循环农业基础，构建种植、养殖为主导的特色产业，实现种养有机结合，生产、加工、收储、物流、销售于一体的农业全产业链，挖掘农业生态价值、休闲价值、文化价值，推动农业产业链、供应链、价值链重构和演化升级，将产业园打造成为一、二、三产业相互渗透、交叉重组的融合发展区。

二、品牌提升战略

提升农业质量效益和竞争力，建设高质量发展示范区。大力发展绿色、生态种养业，加强农产品质量安全监管，强化品牌培育，推进农业绿色化、优质化、特色化、品牌化，推动农业由增产导向转向提质导向，建立健全质量兴农的体制机制，将产业园打造成为农业高质量发展示范区。

三、产业扶持战略

做大做强主导产业，建设乡村产业兴旺引领区。依托优势特色主导产业，建成一批规模化葡萄酒原料生产基地、畜牧养殖饲料生产基地，培育一批农产品加工大集群和大品牌，将产业园打造为品牌突出、业态合理、效益显著、生态良好的乡村产业兴旺引领区。要突出搞好面向乡村的产业帮扶，将产业园建设成为构建稳定扶贫长效机制的重要平台。

四、科技支撑战略

促进生产要素集聚，建设现代技术与装备集成区。聚集市场、资本、信息、人才等现代生产要素，推进农科教、产学研大联合大协作，配套组装和推广应用现有先进技术和装备，探索科技成果熟化应用有效机制，将产业园打造成为技术先进、金融支持有力、设施装备配套的现代技术和装备加速应用的集成区。

五、人才培养战略

深入推进农业科技体制改革，建立产学研、农科教紧密结合的科技创新机制，健全农业科技创新推广服务体系，大力培育开发技术、经营、管理等各类人才资源，积极引进国内外涉农科教机构、企业研发总部和高端人才，创建区域性涉农人才科技高地，满足都市型现代农业发展的科技创新需求。

六、旅游驱动战略

充分发挥规划区濒临海湾、生态循环的优势，紧密联结现代旅游休闲服务业，加速由产品市场决定的供应农业向产品、服务和消费市场决定的都市型现代农业转型发展，建设国际旅游休闲农业总部基地和创新服务中心，拓展农业对外开放新领域。

第四节　发展定位

一、总体定位

综合天津农垦津港有限公司发展历史和现状，充分分析天津滨海新区发展规划和食品集团发展战略，在全面评价企业各类资源、优劣势、机遇与挑战基础上，津港公司企业战略定位为：以都市型现代农业为主业，农、工、商、房地产各业协调发展为目标，以国有企业社会责任担当为基础文化，建设成为现代农业、农产品深加工业和休闲观光、特色养殖业三业并举的综合型产业组团，打造集生产、生态、科技、休闲为一体的现代种养循环生态产业园。最终，将天津农垦津港有限公司建设成为：京津冀现代生态农业产业发展示范园区。精品打造：现代循环农业产业示范园、国家级良种生猪示范育种场、国际高品质养殖科技示范区、葡萄标准化种植生产示范园、农业资源整合利用示范样板、国家级乡村振兴产业扶持示范基地和国家级现代农业全产业链开发试验区。

二、产业定位

（一）产业发展方向

以生产生物有机肥产品来减缓常规农业生产方式给资源和环境造成的严重压

力，有效解决了天津农垦津港有限公司由于过去使用化肥造成的土壤结构破坏，提高土壤抗风蚀抗水蚀能力防止地力下降。以都市型现代农业新技术为手段，在天津农垦津港有限公司建设以畜牧业示范区为基础的畜禽粪污处理与资源化利用为中心即包括有机肥制造及沼液灌溉系统，为北大港农场及周边地区循环农业的发展提供样板和窗口（图 3–1 和图 3–2）。概括为：“三个体系、四大产业、两个中心”。

三个体系：废弃物收储运体系、田间消纳体系（有机肥和叶面肥生产）、商贸物流体系。

四大产业：标准化养殖业（百万头生猪和万头奶牛规模化养殖）、有机林果蔬菜种植业、畜禽废弃物处理产业和都市化休闲农业。

两个中心：养殖废弃物资源化利用中心（即有机肥生产）、生态有机农业种植中心的“样板农业”。

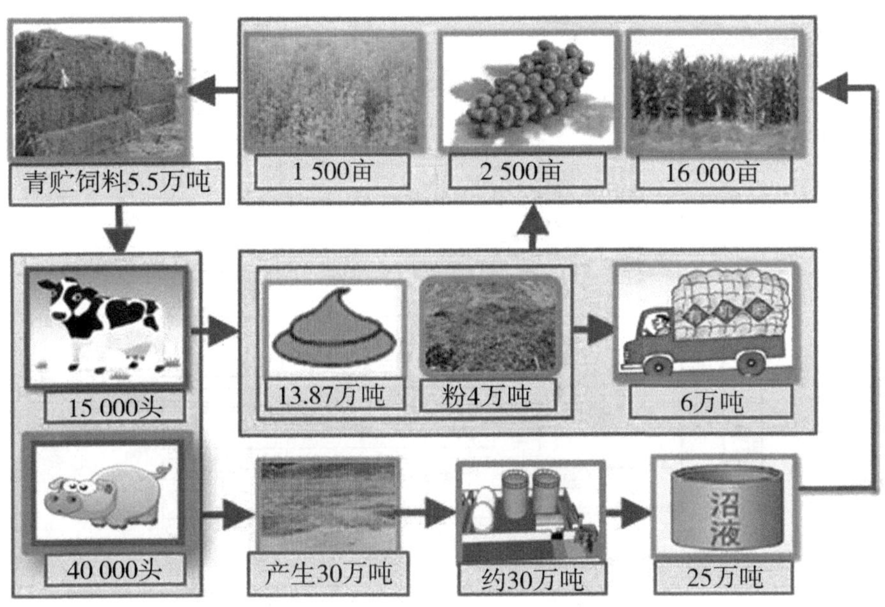

图 3–1　产业园生态循环农业模式

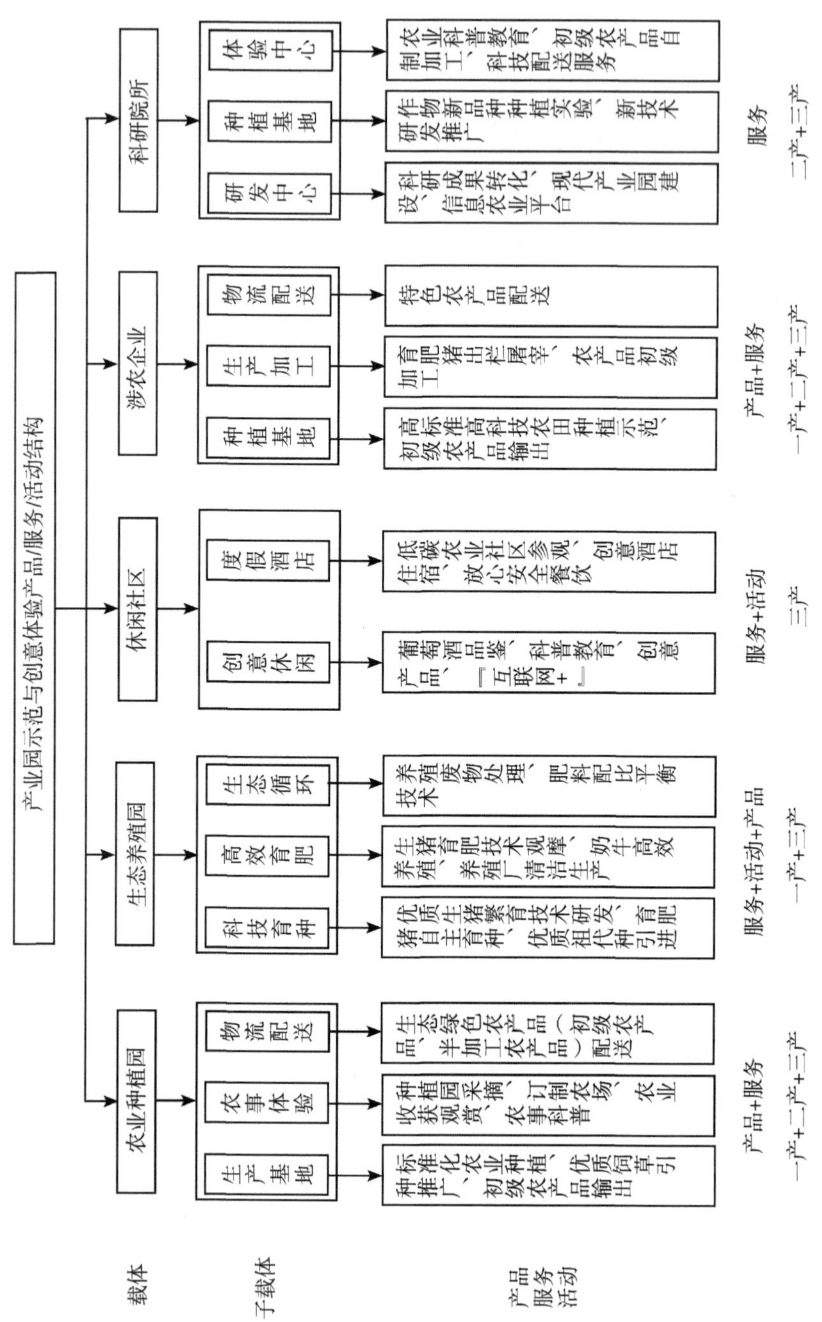

图3–2　农业产业园一、二、三产业融合结构

（二）产业循环模式

以资源化、高效化、本地化为原则，重点开展粪污收集系统改造、粪污处理设施、有机肥加工等畜禽养殖废弃物资源化利用工程，饲料加工等农副资源综合开发工程，田间污水储存池、污水中转池、田间污水管网等污水配送及管网工程等重点内容，促进区域农业生产废弃物生态消纳和循环利用、种植业与养殖业相互融合。

基于以农场整体资源环境承载力和养分平衡的基础上进行规划设计，即种养结合生态循环农业设计理念，以便于促进区域绿色发展和国家项目对接。

（三）一、二、三产业融合

高效的生态循环能够带动整个规划区各产业的合理平衡。依托农业种植园、生态养殖园、休闲社区、涉农企业、科研院所，引动和支撑种养循环农业发展，促进业态聚集、功能拓展、产业升级，实现规划区一、二、三产业融合发展。

第五节 发展目标

通过养殖业废弃物综合利用和样板农业的发展，未来天津农垦津港有限公司产业的发展将打造出“四个亮点”。

一、生态有机农业生产的样板农业

建设以生态循环工业为基础，以市场为导向，以科学技术作支撑，以经济利益为中心，发展高产、高效、低耗、无污染无公害的果蔬农产品、畜禽产品。加大科技支农力度，调整和优化农业产业经济结构，创建农业生产示范基地，将农业的产前、产中、产后各环结成完整的产业链条，进行产业化经营，实现农业生产和农民收入持续增长，达到生态、经济和社会三大效益的有机统一，使天津农垦津港有限公司成为集农业综合开发、生产经营等功能于一体的生态农业示范基地。

二、畜牧业废弃物资源化利用

最大限度地将废弃物能源化、肥料化、饲料化、减量化，不但能给养殖基地提供清洁生产能源，还能给农田提供高效的生物有机肥料，同时生物有机肥料的出售还能减轻土地粪污承载的压力。

三、“猪—草—牛”种养农业循环经济模式

猪的一定浓度粪水单独进行发酵，由于缺乏纤维能量提供，产气效果不佳，如果配比加入奶牛的粪水，将大大提高发酵的效率，在更多产生沼气的同时，对猪的粪水处理也达到了预期的效果，进而产生的沼液也是合格的。产生的沼液进行燕麦草和全株玉米的种植，就近提供奶牛场的饲料问题。

四、农场一、二、三产业融合模式的形成

由绿色农业支撑的第一产业，结合养殖废弃物资源化利用进行的生物有机肥加工和沼气综合利用的第二产业，将会给农场的产业格局带来根本性的变化，势必会催生物流和技术服务等的第三产业，进而形成农场一、二、三产业融合的模式。

第4章　建设管理

第一节　建设内容

一、空间布局与功能定位

（一）空间布局

根据规划原则、战略部署与发展目标，按照“研发创新化、规划科学化、功能完备化、产业一体化、服务综合化”的思路，充分利用天津市滨海新区的自然条件、生态资源空间布局、交通现有基础与村镇空间布局，规划出了“一心三区”的空间格局，实现整体联动局面，简要如下。

一心：即种养循环现代生态农业产业园综合服务中心，以产业集散、综合服务为主要功能。

三区：高效农业种植展示区、现代农业产业核心示范区、生态健康养殖展示区（图4-1）。

图4-1　天津市种养循环现代生态农业产业园空间结构

（二）功能定位

1. 综合服务中心

（1）开发思路。牢固树立“创新、协调、绿色、开放、共享”五大发展理念，将传统农业提升成为现代综合型科技农业，创造种养循环现代生态农业产业园发展的新模式，为天津市都市型现代农业提供物质基础。

（2）功能定位。综合服务中心应体现农业创新服务、信息化、农产品展示、接待、商务度假、物流集散、接待综合服务、文化创意体验、休闲游憩功能。

（3）产品建设。包括有农产品仓储冷库，物流管理，交易区，停车场等。精品水果产品的仓储包括：原材料储存区，商品储存区；交易展览区主要对水果进行展示；物流管理主要承接水果产品贸易物流的管理；信息化管理平台主要对园区实行信息化管理；办公及后勤管理区包括：农场办公楼和员工宿舍楼；高端生态餐厅主要承接餐饮接待服务。

2. 高效农业种植展示区

（1）开发思路。以市场为导向，运用现代科学技术，充分合理利用资源环境，实现各种生产高效农业要素的最优组合，最终实现经济、社会、生态综合效益最佳的农业生产经营模式。

（2）功能定位。实现精品农业种植示范、提升农业高效生产。实现各类主导产品生产、加工、运销等环节的合理分工，协同互补，提高总体营运效率，扩大一体化产品的市场占有率和适销率，从而提高农业产业的整体结构效益。以建立高效农业体系为核心，延长农业产业链，着重发展养殖、培养和生物产品深加工部门，并延伸到储藏、运销、服务等领域，这样可增加农村就业岗位，促进剩余劳动力向乡、村加工业、城镇服务业转移，加快城乡一体化进程。

（3）产品建设。精品农业种植园、隔离苗圃。

3. 现代农业产业示范区

（1）开发思路。建成集食物保障、原料供给、资源开发、生态保护、经济发展、文化传承、市场服务等产业于一体的综合系统，是多层次、复合型的产业示范区。

（2）功能定位。集农产品产业体系、多功能产业体系、现代农业产业支撑体系于一体的科技示范区。

（3）产品建设。现代农业产业支撑体系中心、现代农业种植示范区。

4. 生态健康养殖示范区

（1）开发思路。坚持安全、高效、优质的原则，采用现代标准化养殖技术，建设标准化、无污染的健康养殖示范区。

（2）功能定位。生态循环、健康无污染、标准化、规模化养殖。

（3）产品建设。标准化养牛场、生态循环养猪场、绿色隔离区、林下经济示范区。

二、农业产业发展规划

（一）种植业

1. 发展思路

基于北大港地区自然条件，结合种植现状、地理条件、经济社会发展水平，全面构建现代高新农业示范区特色林果业与蔬菜产业经济、优质畜牧饲草种植生产体系，构建北大港农场种植业生产的“高效益、真节水、能推广、可持续”发展技术支撑体系，达到生态与经济效益并重，并且特色突出，规模稳定，效益提升，加快滨海地区农业产业结构调整，促进经济作物、口粮和饲料粮均衡发展的目的。

2. 产业定位

以葡萄种植、苹果种植为主导，发展多元化种植业，带动设施时令水果、蔬菜发展、特色经济作物、优质牧草等产业发展，加强加工业、贸易和服务，打造示范区种植业的生产功能、试验示范功能、教育培训功能、生态保护功能、劳动就业功能以及供应保障功能，建成国家级优质畜牧饲草生产基地和交易中心、北方时令水果生产和自酿体验中心、天津市高质蔬菜供应中心以及特色作物产业示范区。

（二）养殖业

1. 发展思路

统筹规划示范区养殖业发展全局，建设高效生态的规模化养殖体系，推进产业结构调整，提高畜牧业综合生产能力和竞争力。大力发展规模养殖，实行区域化布局、标准化生产、产业化经营，建立设施养殖体系，健全优质生猪育种、育肥基地建设，推动动物防疫、品种改良、畜牧科技推广、畜牧兽医执法和饲草地监理工作，发展现代化养殖，完善产业链条，构建生态循环养殖小区，实现畜牧业数量、质量、效益的同步增长。

2. 产业定位

北大港农场养殖业应突出“生态、科技、创新”的特色，建成立足滨海，辐射周边，以“现代畜牧规模小区、科技创新创业引擎、新型农民培训中心、循环减排生产基地”为一体的综合型高效养殖业。同时，配套规模化健康养殖技术以及相应循环动物肥沼气工程，完善产业集群，实现高科技、低成本、高产出、高效率的综合目标。并配合规划区整体信息化商务，建设品牌以及高效的禽畜产品销售体系。

（三）农业信息化

1. 发展思路

种养循环现代生态农业产业园将以综合信息服务辐射周边城镇，成为地区信息化服务新中心，不断加快标准化、规模化养殖业、设施农业产业发展。充分挖掘和发挥农场现有的节水灌溉、设施大棚、精准灌溉等信息化成果，在此基础上以科技农业、设施农业、有机农业、休闲农业为物质载体，立足本地资源，紧扣“京津冀一体化”产业转移及农业科研成果转化，全面推进天津市的农业信息化建设。重点建设农业综合服务云平台、现代农业示范区和王朝葡萄产业区。紧密围绕“平台上移，服务下延”的服务宗旨，做好农业信息化顶层设计。

2. 产业定位

围绕发展都市型现代农业的重大需求，面向农业信息化，突出“互联网+农业”、大数据分析、云计算、精准农业和农业信息服务，面向天津市需求开展关键信息技术产品的集成应用示范。以优化配置信息资源为基础，以开发应用信息技术为支撑，以提升信息服务能力为重点，推广农业生产经营的信息化，促进现代农业产业体系的健全发展，着力推动天津市涉农领域公共信息服务体系建设，实现市、区（镇）公共信息服务均等化，营造职工用得上、用得起、用得好的信息化环境，促使农民平等参与现代化进程，共享改革开放和科技进步成果，不断提高地区农业信息化水平，推进现代农业发展。有效整合信息资源，统筹规划信息化建设，避免和减少重复建设，促进互联互通和资源共享，分阶段、分步骤、积极有序地推进信息化建设和发展。中心镇区尽量在现有局所规模上扩容，并按照“大容量、少局所”的原则规划建设。

加强信息化基础设施建设，以网络系统建设为基础，以信息资源开发利用为重点，构建农业综合服务平台，实现农业生产过程的自动化、管理方式的网络化、决策支持的智能化。积极推进“三网合一”，大力发展以多媒体通信网、广播电视网和计算机互联网等为主的业务网。实现资源共享，发挥整体优势，提高天津市农业信息化水平。发展农产品质量追溯与电子商务，利用网络交流平台、QQ、微信、二维码等实现特色农产的追溯。加强新型职业农民培训，抓好农业科技人才培养与培训交流，建立一支适应现代农业发展的科技人才队伍，加强农业技术指导和服务工作，加强农业科技创业和就业培训。做好数字科普和信息化宣传，以生态保育、绿化美化为发展原则，保障生态健康农业永续发展。

（四）休闲旅游

1. 发展思路

构建以高效种植业、休闲农业等现代农业为核心，以生态旅游、创意旅游、科普教育为主题的休闲产业发展体系，用休闲的手法，引导传统产业全面革新；用生态的方式，让农业焕发生机，将规划区打造成为京津冀地区的一个集田园、娱园、农园于一体的文化包容、生态优美、产业健康的美丽新区，使滨海新区成为京津冀旅游圈的“海畔花园”，休闲农业旅游的理想之地。

2. 产业定位

以休闲农业为经营主体，以农业产业化为核心，强化生态保障功能，坚持景区化发展方向，增强农业体验度，推进园区化管理、景观化表现、公园化经营，促进示范区农业发展与二、三产业跨界融合。

在休闲采摘发展方面，以王朝葡萄精品园、设施农业为基础，以农业旅游为核心，以公园化为方向，重点推进生产型园区向休闲体验型园区转变。以滨海田园、休闲娱乐、生态餐饮和采摘新鲜瓜果蔬菜为休闲体验方式，开发多元化的旅游产品，满足游客多样化需求，打造滨海新区乃至京津冀地区独具吸引力富有特色的农业旅游产业。

在观光旅游发展方面，以实现生态系统的保护为目标，以创造科学的生态系统和优美的生态景观为主导，以滨海生态湿地景观为游览主线，以天津卫文化、港口农耕为主题，挖掘本地人文将文化风情和生态观光旅游完美结合，打造自然景观、滨海游玩、主题餐饮、生态旅游为一体的农业观光乐园。

在文化旅游发展方面，整合2D/3D科学动画、科学微视频、VR虚拟漫游、数字画册等全媒体数字科普产品，从天津市农业的科技、历史、文化等多个维度，全方位立体化呈现滨海地区得天独厚的特色农业资源，向京津冀地区乃至全国宣传和展示滨海新区都市型现代农业发展新面貌，最终将规划区域打造成为京津冀地区现代化科普示范体验区。

三、基础设施建设

（一）路网建设

1. 机动车交通系统

对外交通来说，需要从南北方向打通与北部发达的中心城区的交通、经济联系；由于规划区内各片区分散布局，无论从资源集约利用、产业集聚发展以及整合旅游线路的角度，都需要打通规划区内部各片区之间的交通联系，协调好规划区内部各片区之间的交通与过境城市交通的关系。

（1）对外交通。在主要的对外联系方向的道路交通的出口，要设置主要的规划区出入口和指示牌，起到指引游客和车流方便地进入项目区的作用。

（2）内部交通。加强规划区内部各片区之间的联系，构建规划区内部的公共交通、旅游电瓶车和租赁自行车系统，为游客提供便捷的游览观光交通服务。

2. 旅游布道系统

（1）规划区主路。是各个片区之间的连接道路，分为两个级别：连接综合服务区与葡萄休闲体验区的主干道，道路宽度 8~10 米；连接精品果树种植区与林下经济示范区的主干道，道路宽度 3~6 米。

（2）规划区支路。是各个区域的内部道路，连接各个功能区，道路宽度 6~12 米。

（3）步行道。分布于各个功能区内部，包括功能区内主干游览道宽度 2~5 米，采用砂石铺置的自然步道；游览环道宽度 6~10 米；精品果树种植区内部游览道路 4~8 米，宜采用当地的材料做路面，如砂石、木屑、草茎等，尽可能随意。

3. 停车场

根据功能布局和项目设置情况，规划区区内设置一个主要公共停车场，占地面积 1. 5 公顷，可停放车辆（包括旅游大巴）20 辆。停车场位于规划区西北处，可停放车辆 150 辆。

（二）给排水系统

在供水管网设施建设方面要考虑游人的人性化需要，如游客取水、洗手、洗水果等用水点位的设置、导游图上的标注。

解决好排水设施建设问题，特别是农业的污水。考虑到现有污水处理量比较小，规划近期采用沼气处理，远期可就地建设生态化污水处理厂进行处理。

加大推广再生水利用力度，不断提高污水资源化利用程度。积极稳妥地利用再生水替换部分农业灌溉水源。进一步研究再生水的其他利用方式，逐步使再生水成为规划区绿化、河湖生态、道路浇洒、生活杂用等主要水源。污水管网按收水一侧布置，敷设深度不得小于 1 米，管径 DN300。其敷设坡度沿道路坡度，但最小坡度不得小于 0.3%，结合规划区地形高差特点。污水干管沿道路布置，由不同段截污主干管分别汇集规划区的全部污水，污水管沿路取最短距离接入干管。污水管管径的确定按最高日最高时污水量计算。

完善城市雨水排除系统，雨水经沿路敷设的雨水管集中排放。中远期排水应在重点区域建成雨污分流体系。雨水管道根据地形，道路坡向和河流位置及就近排放原则布置，管径 DN600。尽量减少雨水干管长度，为便于上方管线穿越，结合排水条件，雨水管道覆土度一般在 1.4 米左右。为便于污水支管交叉穿越，污水管一般按在雨水管下 0.45 米考虑。管材选用双壁波纹管，连接方式：不同径污水管的衔接采用管顶平接，同径污水管的衔接采用水面平接，采用橡胶密封圈承插连接。

（三）供电工程建设

规划区整体供电电压网为中压配电经变电站处理后转化为低压电，直接向各个片区输送。因此，各个片区均要设立配电房，统一管理农场整体用电，确保供电质量和安全可靠性。

为了保持景区的整体美观，要求电线线路埋地敷设，深度不得小于 1 米，并尽量沿路铺设，以方便检修。路灯可考虑设计成果型灯，如葡萄、梨、枣等形状，融入规划区的大文化环境。规划区内一些建筑由于建造时间较早，其内部线路混乱且导线老化，存在安全隐患。针对这一情况，应联合有关部门，对这些建筑统一进行电路改造，以消除火灾隐患，确保用电安全。电力保障方面要解决当前需求和长远需求的问题，当前主要是满足农业生产及道路照明灯需要，长远需求要考虑到大型接待设施的用电需要。

（四）污水垃圾处理

规划区将按照绿色生态环保的发展理念进行建设，污水和垃圾将实行内部处理消化，力争实现零污染排放。

规划区的污水处理分为三级处理：初步处理（化粪池、沼气池、沉淀池）→净化池处理→污水处理池。近期内将主要采取两级处理，远期建设污水处理厂。

规划区的垃圾，将在积极分类回收的基础上，采取垃圾场填埋技术进行处理。采取有效措施，进行防渗和防“二次污染”，每隔一段时间用土进行掩埋，并在土上种树植草，同时设置沼气排放管排放沼气。

第二节　重点建设项目

一、生态高效种植示范工程

（一）葡萄新品种引进建设项目

1. 建设思路

在现有的王朝葡萄种植基础上，利用现代化技术，引进早熟品种，缓解葡萄收获的季节性限制，形成季季有果、时时可采摘的高效种植园。

2. 建设目标

丰富当地林果种植，满足不同消费者的需求，形成现代标准化葡萄示范基地。

3. 建设内容

葡萄种植面积2 264亩，位于葡萄种植区。

4. 建设期限

2019—2021 年。

5. 投入—产出估算

投入：1 264亩葡萄种植为原有品种，1 000亩为新品种更替区，现有葡萄的投入以管理费为主，投入为2 000元/亩，每年总投入为253 万元。新品种更替，苗木每亩约1 500元，肥料每亩约500 元，架材每亩约1 000元，农药每亩约100元，人工费800 元，现代化技术投资约1 000元，每亩第一年总投入约4 900元。1 000亩新品种更替第一年的投入为490 万元，自第二年起每年投入管理费用200 万元。

产出：进入丰产期每亩能产优质果1 500千克左右，每亩可卖得7 500元以上，扣除前两年的全部成本3 570～6 400元，纯利润仍高达3 000元以上；往后年产量均在1 500千克以上并可持续数十年，年均收益为5 500～10 000元/亩。

（二）苹果栽培试验示范工程

1. 建设思路

在现有的苹果种植基础上，利用先进的技术，对种植区的苹果树进行改良，对种植区进行合理规划。

2. 建设目标

建成苹果栽培示范基地。

3. 建设内容

苹果基地600 亩，位于精品果树区。

4. 建设期限

2019—2021 年。

5. 投入—产出估算

投入：苹果种植投入以管理费为主，每亩每年约 400 元。600 亩总投入 24 万元。

产出：果园前三年的产出为 0，第四年至第五年可收回建园投入。

（三）桃、李、杏密植栽培试验示范工程

1. 建设思路

栽植时设立支架系统、滴管系统，采用立架栽培方式。示范的技术内容：①桃、李、杏新品种展示。②集约省力化机械化栽培技术。

2. 建设目标

建成桃、李、杏密植栽培示范基地。

3. 建设内容

总计 259 亩，位于精品果树区。

4. 建设期限

2019—2021 年。

5. 投入—产出估算

投入：桃、李、杏的投入平均每亩管理费 400 元，259 亩总投入为 10.36 万元。

产出：桃批发价 4 元/千克，以每亩产出 2 000千克计算，每亩产值 8 000 元。李子每亩产 2 000~2 500千克，亩收入在 10 000元左右；杏子每亩产 500千克左右，杏子的收购价格 1.5 元/千克，每亩收入 1 500元。

（四）苗木种植示范基地建设项目

1. 建设思路

现有的苗木基地位于养殖场中间，起到生态隔离的作用，主要树种为白蜡、榆树、栾树等。

2. 建设目标

天津市苗木示范基地。

3. 建设内容

苗木种植分两块区域，一块位于北边，一块位于东边，总面积5 100亩。

4. 建设期限

2019—2021 年。

5. 投入—产出估算

投入：苗木的后期投入以管理费为主，每亩每年约 100 元，5 100亩总计 51 万元。

产出：苗木的种植主要作用是生态屏障，且生长缓慢，前期经济效益低，主要是生态效益和社会效益。

（五）苜蓿优良品种选育及种植示范项目

1. 建设思路

大面积种植苜蓿，为牛、猪提供蛋白饲草。

2. 建设目标

建成天津市紫花苜蓿新品种选育及种植示范基地。

3. 建设内容

紫花苜蓿种植5 000亩，位于苜蓿种植区。

4. 建设期限

2019—2021 年。

5. 投入—产出估算

投入：苜蓿每年人工、施肥、管理等每亩投入约 300 元。5 000亩总投入 150 万元。

产出：紫花苜蓿播后 2～5 年的每亩鲜草产量一般在2 000～4 000千克，干草产量 500～800 千克，价格在每吨1 600～2 200元，平均1 900元/吨，800 千克干草产出1 520元。

（六）饲用构树高效种植建设项目

1. 建设思路

利用饲用构树绿色有机、不占耕地、利用率高、成本优势、适口性好等优势，规划区种植大面积的构树，搭配苜蓿作为蛋白饲料供猪牛食用。

2. 建设目标

建成饲用构树高效种植区。

3. 建设内容

饲用构树高效种植区，占地317亩。

4. 建设期限

2019—2021年。

5. 投入—产出估算

投入：饲用构树，一年种植可连续收获10~15年，第一年投入主要是树苗费、管理费。每亩定植800株，每株树苗1元，每亩地树苗投入800元，管理费每亩200元，317亩第一年总投入为31.7万元，以后每年的总投入为6.34万元。

产出：根据产量测定，在有机肥利用充分的条件下，每亩年产全枝鲜产量10 000千克以上，干物质2 500千克，按照现行价格每吨2 400元计算，每亩土地产值达到6 000元。

（七）高标准农田种植示范建设项目

1. 建设思路

坚持科学种田，运用机械化、现代化、信息化手段，大力推进高标准农田建设，提升现代农业生产经营水平，提升农地综合生产能力；加快农业现代化建设步伐，确保农业现代化发展水平指数始终保持在全省的领先地位；加快农业转型升级，积极转方式调结构，切实提升农业竞争力。

2. 建设目标

农田的综合开发整治，在种养循环现代生态农业产业园推行机械化、现代化、科技信息含量高的农田种植项目，改变传统农业耕作方式，使种养循环现代生态农业产业园发展成为京津冀都市型现代农业种植样板。

3. 建设内容

小麦、玉米等大田面积总计9 912亩，主要分布在 2 个区域。

4. 建设期限

2019—2021 年。

5. 投入—产出估算

投入：每亩小麦的投入约为 400 元，每亩玉米的投入约为 300 元。9 912亩农田每年的平均投入为 693. 84 万元。

产出：每亩小麦产量约 500 千克，小麦价格按 2. 4 元/千克，每亩产出约 1 200元。每亩玉米产量约 600千克，玉米价格按 1. 6 元/千克，每亩产出约 960 元。

（八）设施蔬菜标准种植示范基地

1. 建设思路

规划区设施蔬菜标准化生产示范基地采取综合规划、统一指导、区域布局、分步实施的方式，发展菜畜结合的“种植业—高科技引入—标准化生产—高科技展示—市场营销”的产业链示范平台，建设标准化生产示范基地。规划区基本实现产业链条完整，运行机制完善，特色农产品标准化、规模化、市场化、信息化、机械化和集约化。

2. 建设目标

建成天津市设施蔬菜标准种植示范基地。

3. 建设内容

设施蔬菜种植 335 亩。

4. 建设期限

2019—2021 年。

5. 投入—产出估算

投入：规划区已经建成两个设施蔬菜区，蔬菜种苗费用500元/亩，水肥、农机、病虫害防治等500元/亩。335亩总投入为33.5万元。

产出：平均每亩每年生产5 000千克蔬菜，平均菜价按4元/千克计，每年每亩产值2万元。

二、生态循环养殖示范工程

（一）标准化规模养猪场育肥示范项目

1. 建设思路

采用现代标准化养殖技术，建设安全、高效、生态、连续均衡生产的规模化养猪场。

2. 建设目标

建成年出栏18万头的标准化规模养猪育肥示范基地。

3. 建设内容

养殖场占地200亩，年出栏18万头，位于规划区北侧。

4. 建设期限

2019年。

5. 投入—产出估算

投入：每头猪从猪仔到出栏前期投入约1 000元，包括仔猪费、饲料费、疫苗保健费、管理费等，200亩养猪场的场地建设费、设备费及其他基础设施约4 700万元，18万头猪的总投入为6 500万元。

产出：出栏猪每头约140千克，市场价约16元/千克，每头猪的产出为2 240元。

（二）种猪繁育科技示范基地

1. 建设思路

坚持安全、高效、优质的原则，利用科研院所的科技力量，结合天津北大港农场的生态优势，繁育优质种猪。

2. 建设目标

建成天津市种猪繁育示范基地。

3. 建设内容

种猪繁育场占地 183 亩，年母猪存栏 2 200 头。

4. 建设期限

2019 年。

5. 投入—产出估算

投入：每头种猪的投入约 1 000 元，种猪场的建设费、管理费、设备费等总投资 6 100 万元。

产出：种猪繁育成功，后续会生产二代母猪，母猪又会生小猪仔。

（三）母猪场建设示范项目

1. 建设思路

有效利用种猪场的资源，建成母猪场，到达循环养殖的目的。

2. 建设目标

建成存栏 20 000 头的母猪场。

3. 建设内容

母猪场占地 690 亩。

4. 建设期限

2019 年。

5. 投入—产出估算

投入：场地建设费、设备费、管理费、饲料费等 20 000 头母猪共计投入 34 500 万元。

产出：存栏母猪每年会生育猪仔，猪仔出栏即有产出。

（四）标准化万头有机奶牛场养殖项目

1. 建设思路

集中展示饲草、饲料的有机种植和奶牛养殖的技术及标准，并将奶制品的加工工序和设备进行展览。

2. 建设目标

建成标准化万头有机奶牛养殖基地。

3. 建设内容

有机万头奶牛养殖基地位于原嘉立荷奶牛场及长泰奶牛场，总面积1 404亩。

4. 建设期限

2019 年。

5. 投入—产出估算

投入：每头奶牛养殖过程中物质与服务费、人工成本费、雇工费用、土地利用费等合计6 000元，1 404亩奶牛场的场地建设费、设备费等共计24 000万元，有机万头奶牛养殖基地第一年的总投资为30 000万元。

产出：奶牛的产出主要包括主产品及副产品，每头牛共计约12 877. 8元。

（五）标准化生猪屠宰场建设项目

1. 建设思路

依托天津市肉类联合加工厂，对规划区的生猪进行屠宰、加工，延长生猪养殖产业链条。

2. 建设目标

生猪屠宰加工厂。

3. 建设内容

天津市肉类联合加工厂，位于天津市东丽区跃进路。

4. 建设期限

2019—2021 年。

5. 投入估算

2 700万元。依托肉联加工厂对园区的生猪进行屠宰加工，主要的投入费用为运输费、屠宰费、加工费，每头猪的总投入为 150 元，年出栏 18 万头生猪，屠宰加工总投资为2 700万元。

三、生态休闲示范工程

（一）鲜美采摘园

1. 建设思路

集成高效安全生产关键技术，生产出优质的果类产品。采摘园要发展成为既可采摘，又可租赁的园区；使前来观光的游客感受到规划区果品的鲜美，定期开展品鉴活动，为当地林果类产品树立良好的口碑，扩大规划区的影响力。

2. 建设目标

建成集采摘与观光于一体的果品采摘基地。

3. 建设内容

建设葡萄、苹果、李、梨等采摘基地。

4. 建设期限

2020—2021 年。

5. 投入—产出估算

投入：本项目总投资约 120 万元。

产出：采摘园的收入一方面来自游客门票费，另一方面根据采摘果品的价格计算收入。

（二）亲子农耕文化园

1. 建设思路

一方面加强天津的农耕文化延续，加深对农耕文化的了解，传承农耕的历史文化。另一方面加强当地农业旅游、农事活动的体验，令游客在游玩的过程中了解农耕文化的历史，通过亲身参与项目体验，进一步加深对农耕文化的了解。特别是亲子活动和家庭活动的好去处，带领全家一起去感受华夏文化和中国传统农耕文化的魅力。

2. 建设目标

建成农耕文化体验基地。

3. 建设内容

农耕文化园。

4. 建设期限

2020—2021 年。

5. 投入—产出估算

投入：项目总投资约 150 万元。

产出：本项目收入主要是游客门票收入及旅游消费收入。

（三）农产品手工坊体验中心

1. 建设思路

以种养循环现代生态农业产业园自己生产的产品原料销售为主要经营项目，包含了手工作品代卖、手工品教程、销售等内容。实现农产品的创意发展，丰富农业产业园区的创意、活力与感召力。

2. 建设内容

农产品手工坊、鲜果手工自酿体验中心。

3. 建设期限

2021 年。

4. 投资估算

50 万元。

（四）王朝葡萄酒品鉴馆

1. 建设思路

游客可以在规划区葡萄基地采摘新鲜葡萄，进行酿酒、品酒活动。

2. 建设内容

葡萄酒酿造基地、王朝葡萄酒评鉴馆。

3. 建设期限

2021 年。

4. 投资估算

50 万元。

（五）高端客户现代体验馆

1. 建设内容

体验会馆、视听音响设备。

2. 建设思路

通过配备视听音响设备等辅助设施，解决传统农业无法吸引高端消费群的尴尬，使消费者更深入地体验传统农耕文化与现代生产技术的结合。主要突出生态保护、低碳生活体验、膳食平衡体验、科学健康体验等几大板块。

3. 建设目标

高端人士的体验场所、理想去处。

4. 建设期限

2021 年。

5. 投资估算

50 万元。

（六）科普教育中心

1. 建设思路

以版块化的形式展示规划区奶牛养殖文化、种猪繁育及生猪育肥文化、葡萄种植文化，与当地及周边的中小学达成长期合作，分季节体验规划区的种养文化。

2. 建设内容

科普教育基地。

3. 建设期限

2021 年。

4. 投资估算

150 万元。

四、产业支撑体系工程

（一）农业大数据平台建设项目

1. 建设目标

搭建国家级产业园大数据平台，整合研发信息、行业信息、生产管理信息、市场信息等，发布产业数据、市场需求信息和价格波动数据，实现市场互联、信息互通。

2. 建设内容

构建农业大数据平台 1 个。整合产业园气象数据、生物信息数据、农业生产数据、管理数据、市场数据和统计数据。实时统计上传果蔬种植、生猪养殖等农产品生产、销售、加工等产业链条信息，实现各类数据的跨行业、跨专业、跨业务的采集、汇聚、加工、分析和数据可视化，为灾害预警、耕地质量监测、市场价格预测、农产品质量安全追溯、经营管理和科学决策等提供服务。

3. 建设期限

2019—2021 年。

4. 投资估算

300 万元。

（二）现代畜禽智慧养殖典型样板工程

1. 建设目标

以节本增效和提高竞争力为核心目标，通过共享共建、互联互通和生态兴牧等数字信息技术的引进，推动畜禽养殖领域精准生产、精准控制，实现畜禽养殖生产智能化、自动化、数字化。

2. 建设内容

以提供优质安全的生猪产品为保障，集成应用自动化精准环境控制技术、数字化精准饲喂管理技术、数字化智能繁育管理技术和疫病监测预警平台，为动物营造舒适、健康的成长与生活环境，实现更好的经济效益，推动精准农业、农业云服务应用，实现数字化、精准化和智能化，并按照不同主题以平面展示、影音展示、实物展示、互动展示、实时讲解的体验形式建设信息交互中心，打造“三高”（高新、高端、高值）、“三生”（生产、生活、生态）的现代畜禽智慧养殖的典型样板。

3. 建设期限

2019—2021 年。

4. 投资估算

800 万元。

（三）农业综合服务云平台建设工程

1. 建设目标

为现代农业产业园农业信息化提供集推广、物流、客服于一体的服务平台。实现农业生产过程的自动化、管理方式的网络化、决策支持的智能化；从而提高农业生产、经营、管理、决策的效率和水平；实现生产全过程可追溯、为农业信息化、现代化发展提供信息支撑。

2. 建设规模及技术方案

从物理层、数据层、网络层、应用层、服务层和用户层对该云平台的建设进行统一规划，见图 4-2。

3. 建设内容

利用现代化的计算机网络技术与先进的通信手段，通过信息资源的深入开发和广泛应用，在平台即服务、基础设施即服务的基础上，研究构建种养循环

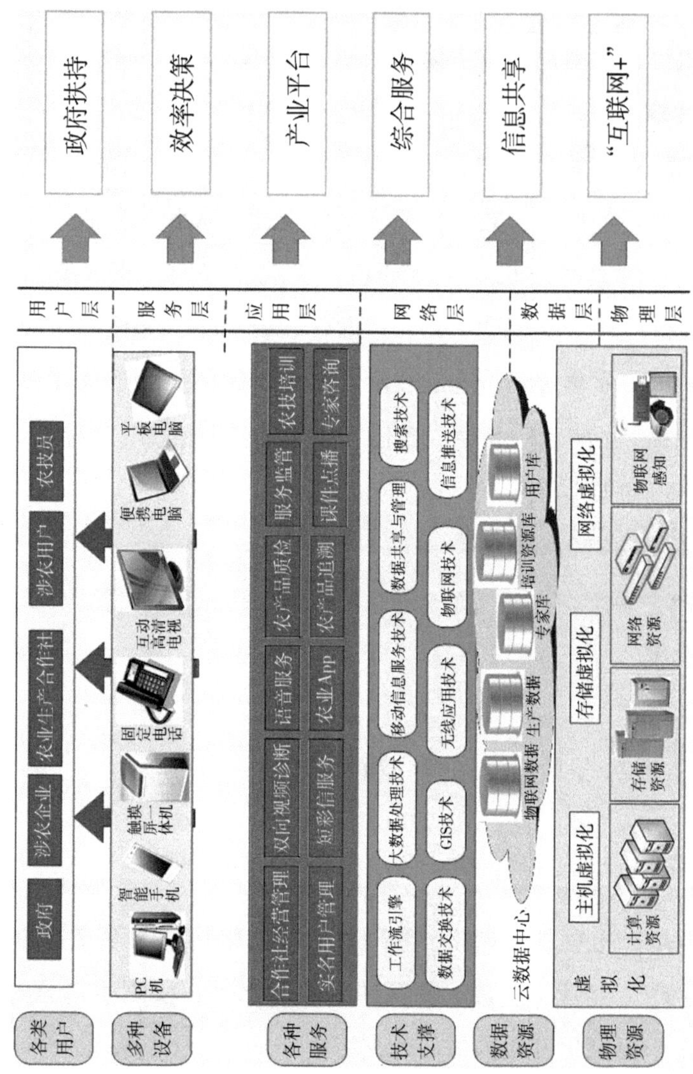

图 4-2　农业综合服务云平台建设工程示意

现代生态农业产业园农业综合服务云平台。平台通过对现代农业园区现有的多个业务系统的数据融合，将现有的业务系统整合进平台中，并为所有业务系统提供统一的数据基础。

4. 建设期限

2019—2020 年。

5. 投资估算

750 万元。

（四）农业信息基础设施建设项目

1. 建设目标

以物联网技术为支撑，实现现代农业园区农业的自动化管理、集中控制以及全方位展示。

2. 建设内容

在规划区集中部署和展示北京市农林科学院的多个信息化产品，实现整个生产基地的实时监测、自动化控制、集中展示和科普服务等。其中包括触摸屏综合服务一体机、多功能机顶盒、移动应用系统、物联网基地监控管理系统。

3. 建设期限

2020—2021 年。

4. 投资估算

300 万元。

（五）农业生产管理综合信息平台建设工程

1. 建设目标

对规划区内各类功能区的资源信息（包括设施、露地、建筑等）进行整合，形成统一的资源数据库，并提供网络访问和共享的工具，使管理机构可以方便地掌握各类设施、资源的状况，提高工作效率。通过信息服务平台，可以在上述的管理决策平台中选择可以对外公开的信息，进行发布和展示，为生产、销售、招商等市场行为提供参考，进行先进生产技术的推广。

2. 建设内容

管理决策平台、信息服务平台、系统整合平台、基于 PDA/GPS 的信息采集平台。该平台的主要作用是对基地内各类功能区、设施、资源信息进行整合，形成统一的资源数据库，使基地管理机构可以方便地掌握各类设施、资源的状况，提高工作效率。信息平台的应用需要服务器、无线电台、操作台、大屏幕液晶显示屏、视频服务器、交换机等硬件设备的支撑。

3. 建设期限

2019—2020 年。

4. 投资估算

200 万元。

（六）农业生态环境实时监测系统建设工程

1. 建设目标

选择大田、设施农业等重点区域的土壤、大气、灌溉用水环境等要素进行实时监测，可增加视频监控设备以丰富监测内容，亦可利用遥感技术进行农业资源调查，土地利用现状分析，农业病虫害监测，农作物估产等应用，增加监测的广度。

2. 建设内容

土壤环境监测设备（多套土壤温湿度传感器、监测主机、供电设备及安装支架）、气象环境监测设备（各种气象传感器、监测主机、供电设备及安装附件）、水环境监测设备（数据采集器、电导率传感器、pH 值传感器、水温传感器以及安装附件）、视频监控设备（现场图像采集摄像头、网络视频服务器、交换机、光端机及安装附件）、标准气象监测站（采集模块、无线数传电台、各种气象信息传感器及安装支架）。

3. 建设期限

2019—2021 年。

4. 投资估算

1 500 万元。

（七）特色农产品质量追溯体系建设工程

1. 建设目标

利用多种信息技术实现规划区特色农产品的质量追溯，确保农产品的质量安全，真正实现农产品的优质优价，达到规划区特色农产品的全覆盖。

2. 建设内容

规划区特色农产品质量追溯体系主要是通过网站、触摸屏一体机和智能手机软件等形式实现对其特色农产品的在线质量追溯与查询。包括质量溯源网站建设、质量溯源触摸屏一体机系统建设、质量溯源智能手机软件系统建设。

3. 建设期限

2020—2021 年。

4. 投资估算

120 万元。

（八）蔬菜设施维护建设工程

1. 建设目标

根据当地气候条件，通过定期维护当地生产的连栋温室、日光温室和塑料大棚，推动规划区设施蔬菜的安全发展，实现蔬菜周年稳定生产，满足市场需求。

2. 建设内容

蔬菜温室检修机动小组，蔬菜温室智能监测系统，设施维护管理机制。

3. 建设期限

2020—2021 年。

4. 投资估算

500 万元。

（九）新型职业农民培训工程

1. 建设目标

新型职业农民培训通过灵活多样的培训手段与方式，在规划区培育出一批本土的、具备一定生产技能的农业从业人员。提高其文化水平、人口素质，促进精神文明建设，提升规划区的知名度和美誉度。

2. 建设规模

利用信息化技术及便携多媒体设备，提高现有的培训质量，丰富培训手段，实现个性化、定制化的培训。

3. 技术支持

（1）北京市农林科学院现有教学资源。

（2）“一插即用、一查即得、一看就懂、一学就会、一键更新”蔬菜通等U盘数字化技术指导。

（3）中国农业大学专家资源库。

（4）农业综合服务云平台的建设。

4. 建设期限

2019—2021年。

5. 投资估算

200万元。

（十）电子商务与农产品线上营销工程

1. 建设目标

实现规划区农产品的线上销售，提高销售量使农户增收，提升红枣价值，实现农产品优质优价。

2. 建设内容

利用信息化技术及便携多媒体设备，提高现有的培训质量，丰富培训手段，实现个性化、定制化的培训。

3. 建设期限

2020—2021年。

4. 投资估算

100万元。

（十一）农业循环经济技术体系

1. 建设目标

加快推动农业资源投入减量（节约）化、农业生产过程的清洁化、农业生产废弃物处理的资源化，形成农、林、牧、渔和工农业复合型的农业循环经济发展模式。积极推进农作物秸秆的饲料化、原料化、肥料化、燃料化等再利用技术，着重推广作物秸秆的牲畜过腹还田、机械化还田和腐熟还田。实现农田残膜、农业设施、灌溉器材等农用物资的回收再利用。推广生态农业循环链实现农业经济、生态环境和社会效益的协调发展，积极构建畜禽养殖业循环经济发展体系。

2. 技术模式（图 4–3）

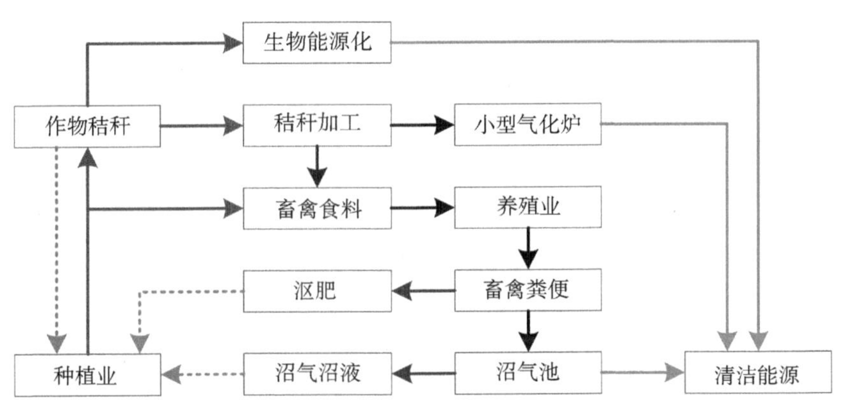

图 4–3　农业循化经济技术模式

3. 建设期限

2019—2020 年。

4. 投资估算

基于规划区循环农业现状，根据后期养殖规模扩大适当增加容量，不需要新建，项目总投资为3 000万元。

（十二）果蔬保鲜分装及冷链物流产业园

1. 建设目标

支持京津冀经济圈农产品流通，与农产品专业合作社对接，在天津种养循环现代生态农业产业园农产品生产基地实现产销直通，有效降低产品销售成本，缩短产销周期，提高农产品新鲜度，让消费者吃到鲜活的农产品，同时实现质量跟踪，保障食品安全。

2. 建设内容

农副产品加工、清洗、包装车间，果蔬生鲜保鲜库、冷藏库，交易配套市场，分布式太阳能光电站。

3. 建设期限

2019—2020 年。

4. 投资估算

500 万元。

第三节　运行管理

一、实施主体

天津农垦津港有限公司。

二、组织架构

天津农垦津港有限公司由 7 个基层单位组成。其中国有独资单位 5 家，股份制公司 2 家，设有职能部门 7 个，即综合办公室、社区保卫部、人力资源部、财务科、工会、资产部、销售部。公司组织架构见图 4–4。

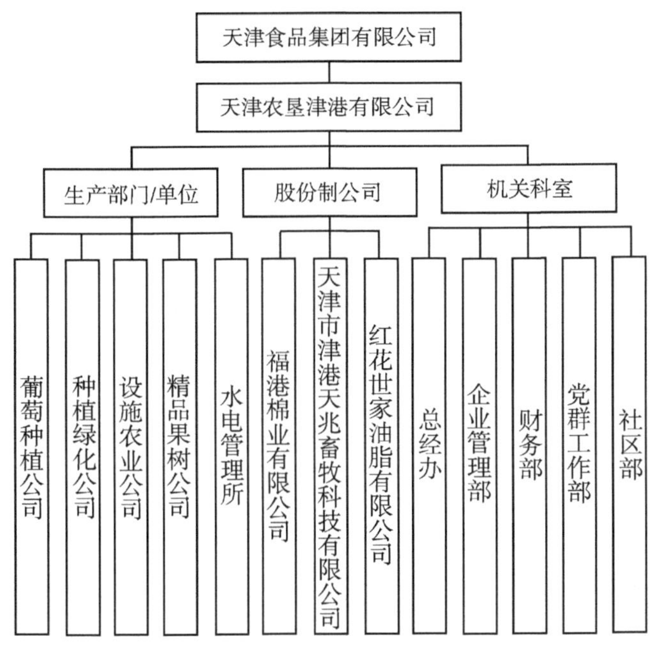

图 4-4　天津农垦津港有限公司组织架构

三、联农带农

种养循环现代生态农业产业园按照高质量发展要求，围绕实施乡村振兴战略，以推进农业供给侧结构性改革为主线，立足优势特色产业，聚力建设规模化种养基地为依托、产业化龙头企业带动、现代生产要素聚集，“生产+加工+科技”的现代农业产业集群，促进一、二、三产业融合发展，创新农民增收利益联结机制，培育农业农村经济发展新动能，打造高起点、高标准的现代农业建设样板区和乡村产业兴旺引领区，示范带动省、市、县形成梯次推进的种养循环现代生态农业产业园建设体系，为农业农村现代化建设和乡村振兴提供有力支撑。注重吸引多元主体参与产业园建设，坚持为农、惠农，带动农民发展生产和就业增收，让农民分享产业园发展成果。

产业园生产设施条件良好，技术集成应用水平较高，职业农民和专业人才队伍初步建立，吸引人才创新创业的机制健全。

产业园积极创新联农带农激励机制，推动发展合作制、股份制、订单农业等多种利益联结方式，推进资源变资产、资金变股金、农民变股东，农民分享二、三产业增值收益有保障。在帮助小农户节本增效、对接市场、抵御风险、拓展增收空间等方面，采取了有针对性的措施，促进小农户和现代农业发展有机衔接。产业园农民可支配收入原则上应高于当地平均水平的 30%。

四、环境影响评价

（一）评价依据与采用标准

规划区设计对于外界的环境影响，主要依据《中华人民共和国环境保护法》、国务院第 253 号令《建设项目环境保护管理条例》《环境影响评价技术导则　生态影响》（HJ 19—2011）、国家计委国务院环境保护委员会《建设项目环境保护设计规定》等。采用标准主要是地表水执行国家用 GB 3838—2002《地表水环境质量标准》表 1 中Ⅲ类标准、地下水执行 GB/T 14848—2017《地下水质量标准》Ⅲ类水质标准、废水排放执行国家 GB 8979—2002《污水综合排放标准》二级、空气质量执行 GB 3095—2012《环境空气质量标准》二类区二级标准、气体污染物排放执行 GB 13271—2014《锅炉大气污染物排放标准》、加工厂噪声执行《声环境质量标准》（GB 3096—2008）和《工业企业厂界环境噪声排放标准》（GB 12348—2008）。

（二）建设期的环境保护

1. 建设期间主要产生的环境污染

（1）废气。施工期间的废气主要来自施工机械排放的内燃机尾气、运输车辆排放的尾气、铺路产生的沥青烟及地表覆盖层受破坏时或受破坏后引起的扬尘，其中以扬尘影响为主，其他废气量不大，影响不明显。

（2）废水。施工期间会排放一定量的污水，污水直接排放会对当地的水环境造成污染影响，需加强管理。

（3）噪声。施工期是扬尘、噪声的高发期，平整土地、开挖管沟、铺设管网、修建道路、施工器械以及建筑材料运输，车辆马达声以及喇叭的喧闹声，建筑施工噪声的影响范围一般为200米以内的区域范围。施工不会对周围敏感点产生影响，但仍建议严格控制施工场界噪声达标，采取低噪声的施工方案，夜间停止施工活动。

2. 防治措施

（1）加强工程施工期环保工作，合理选择沥青和灰土拌合地址，做到集中拌合，远离居区，并落实沥青烟污染防治措施，确保达标，现场施工采用沥青拌和站预制沥青进行路面铺设。在工程施工中运输料石、水泥等易产生扬尘的车辆须覆盖篷布，临时堆放的土石方、料场及临时道路等必要时应洒水。施工结束后应及时在道路上种植乔木、灌木等树木，预防水土流失，净化空气并美化环境。

（2）施工废水应经沉淀池沉淀后上清液排放，堆泥干化后外运填埋。施工期间利用当地的生活设施，不得新增生活污水排放口。施工人员生活污水必须收集后交由当地环卫部门清运。

（3）采用先进的施工工艺和低噪声设备，合理安排施工时间，采取必要的隔声降噪措施，确保施工噪声达到《建筑施工场界环境噪声排放标准》（GB 12523—2011），禁止夜间打桩，距离居民区200米范围内夜间禁止进行有噪声污染的施工作业，并按《中华人民共和国环境噪声污染防治法》的有关规定实行施工噪声申报和公告制度。

（三）运营期的环境保护

建成后无工业三废污染，只有生活垃圾和生活污水，为保护规划区环境，建立废弃物循环利用中心解决区域内的生活垃圾。远期考虑就地建设生态化污水处理厂，采用生化处理技术——接触氧化法进行处理，使排水达到排放标，用于树木花草灌溉。解决生活污水处理问题。

（四）综合评价

农业本身具有生态功能，规划区的生态循环农业是一项保护和改善农村生态环境的绿色生态产业工程，有助于改善规划区和周边农村生态环境。因此只要严格执行以上施工期和运营期的规定，项目的建设不但不对周边环境造成破坏，而且还能使周边的环境逐步得到改善。

项目建成后，使规划区的生产生活不仅不会对环境造成污染和破坏，还将在规划区内建立正反馈的生态系统，使区域内生态环境向着良性的方向发展，其表现为：农田地力水平提高 1~2 个等级，土壤有机质含量在现有基础上提高 0.5 个百分点；农作物秸秆、树叶、枯枝利用率达到 100%，清洁能源利用率达到 20%以上；废水治理率达到 100%，治理达标率 100%；水土流失治理度达到 100%；垃圾无害化处理率达 100%；大气环境质量均能达到《国家大气环境质量标准》二级标准；充分利用沼气能等可再生能源，开展集雨工程，节约大量能源的同时减少环境污染。

五、风险分析及规避

规划区的建设，将不可抗的自然风险除去，只考虑社会风险。主要的社会风险因素来自技术风险和管理风险。

（一）技术风险分析及规避

本设计旨在建设推广与展示示范等多功能于一体的都市型现代农业产业园，农产品均为有机、绿色产品。风险在于，若新品种的栽培、繁育技术不过关，会造成失败，给经营造成损失；若病虫害防治技术不到位，会造成灾难性后果。

规避方法在于，加强科技服务人员培训，壮大人员队伍，积极开展技术推广与服务。加强科技成果转化，规范技术要领。与周边村镇联合，组织建立农民技术骨干服务队，普及专业技术知识。建立健全科技示范网络，充分发挥科技人才带动、指导、研发作用。充分利用北京市农林科学院科技力量雄厚的优势，引进生产示范环节相关的关键技术和高新技术，采用走出去、请进来等多种方式，具体有效地解决技术难题。

（二）管理风险分析及规避

在规划区建设过程中，管理工作贯穿始终。要求管理人员既精通现代管理理念，同时要具备现代农业基础知识。风险在于，管理人员不熟悉农业生产，决策失误会造成风险；规章制度不健全，管理混乱，浪费大，漏洞大也会造成损失，甚至项目失败；管理不到位，目标责任制不健全，不清晰，经营管理不善，成本控制不好，会造成成本过高，发生亏损。

规避方法在于，建立完善的规章制度和民主监督机制，实行目标责任制，实行民主决策、民主管理、民主监督。制定严格的奖惩制度和薪酬制度，有奖有罚。认真做好卫生防疫工作，制定严格的防疫制度，设置专门的技术人员，加强对从业人员防疫知识和操作技术的培训。不断提高管理人员管理水平，实行最严格的成本控制手段，千方百计降低成本。

第5章 投资估算

第一节 投资估算

按照前面的规划设计，项目总投资估算为98 621.45万元，其中生态高效种植示范工程总投资4 581.45万元，生态循环养殖示范工程总投资85 200万元，生态休闲示范工程总投资570万元，产业支撑体系工程总投资8 270万元。

本规划项目建设分3年完成，其中2019年项目总投资为85 397.39万元，2020年项目建设总投资7 922.03万元，2021年项目建设总投资为5 302.03万元，具体项目投资估算见表5-1。

表5-1 天津市种养循环现代生态农业产业园投资估算

产业名称	项目名称	2019年	2020年	2021年	3年总投资（万元）
生态高效种植示范工程项目	葡萄新品种引进建设项目	453	743	453	1 649
	苹果栽培试验示范工程	24	24	24	72
	桃、李、杏密植栽培试验示范工程	10.36	10.36	10.36	31.08
	苗木种植示范基地建设项目	51	51	51	153
	苜蓿优良品种选育及种植示范项目	150	150	150	450

（续表）

产业名称	项目名称	2019 年	2020 年	2021 年	3 年总投资（万元）
生态高效种植示范工程项目	饲用构树高效种植建设项目	31.7	6.34	6.34	44.38
	高标准农田种植示范建设项目	693.84	693.84	693.84	2 081.52
	设施蔬菜标准种植示范基地	33.5	33.5	33.5	100.5
生态循环养殖示范工程	标准化规模养猪场育肥示范项目	6 500	—	—	6 500
	种猪繁育科技示范基地	6 100	—	—	6 100
	母猪场建设示范项目	3 4500	—	—	34 500
	标准化万头有机奶牛场养殖项目	30 000	—	—	30 000
	标准化生猪屠宰场建设项目	2 700	2 700	2 700	8 100
生态休闲示范工程	鲜美采摘园	—	70	50	120
	亲子农耕文化园	—	100	50	150
	农产品手工坊体验中心	—	—	50	50
	王朝葡萄酒品鉴馆	—	—	50	50
	高端客户现代体验馆	—	—	50	50
	科普教育中心	—	—	150	150
产业支撑体系工程项目	农业大数据平台建设项目	200	50	50	300
	现代畜禽智慧养殖典型样板工程	200	500	100	800
	农业综合服务云平台建设工程	450	300	—	750
	农业信息基础设施建设项目	180	120	—	300
	农业生产管理综合信息平台建设工程	120	80	—	200
	农业生态环境实时监测系统建设工程	800	400	300	1 500
	特色农产品质量追溯体系建设工程	—	80	40	120
	蔬菜设施维护建设工程	—	300	200	500
	新型职业农民培训工程	100	50	50	200
	电子商务与农产品线上营销工程	—	60	40	100
	农业循环经济技术体系	1 800	1 200	—	3 000
	果蔬保鲜分装及冷链物流产业园	300	200	—	500
合计		85 397.40	7 922.04	5 302.04	98 621.48

第二节　资金来源

按照市级财政补助、区级财政补助和项目实施单位自筹相结合的原则，种养循环现代生态农业产业园项目建设由天津农垦津港有限公司统筹，通过市财政拨款、银行借贷、招商引资以及企业自筹等多种形式相结合，解决种养循环现代生态农业产业园项目建设过程中出现的资金问题。

种养循环现代生态农业产业园重点加强生态循环农业建设、提升科技实力，把葡萄种植、畜草科技育种、种猪繁育、仔猪育肥及万头奶牛场建设等建设项目摆在首要位置，重点招商引资项目包括葡萄新品种引进建设项目、苜蓿优良品种选育及种植示范项目、高标准农田种植示范建设项目、标准化规模养猪场育肥示范项目、种猪繁育科技示范基地、王朝葡萄酒品鉴馆、农业综合服务云平台建设工程、农业生产管理综合信息平台建设工程、特色农产品质量追溯体系建设工程、农业循环经济技术体系、果蔬保鲜分装及冷链物流产业园等。

第6章　效益分析

第一节　经济效益分析

产业园建成后，“生态高效种植示范区”“生态循环养殖区”“生态休闲区”三大区域协同发展，产生很强的经济联动效应，能够提高农业产值并逐步增加周边相关产业发展，达到一、二、三产业融合共建，规划区的整体依托高科技发展将会带来较高的投资回报。

通过天津农垦津港有限公司、当地政府与科研院所的共用努力，将会极大推动规划区的产业发展与经济收入，其中生态种植及生态循环养殖收入占产业园的50%，休闲观光农业收入占到整体收入的40%。

规划区年处理粪污257.763万吨，产生沼气5 670.786万立方米（30%的沼气用于农业生产和设备运行、70%的沼气用于发电），沼渣25.776 3万立方米，沼液206.2万吨、生产有机肥18万吨（其中7万吨用于改善农场14 000亩土壤，不出售）、发电量为7 144万千瓦·时。

总销售收入14 900万元，其中有机肥9 900万元、售电5 000万元（不含自用有机肥和沼气的费用）。

第二节 社会效益分析

一、提高农业质量效益

产业园建成后，将大力发展绿色农业、生态种养业，加强农产品质量安全监管，强化品牌培育，推进农业绿色化、优质化、特色化、品牌化，推动农业由增产导向转向提质导向，建立健全质量兴农的体制机制，将产业园打造成为农业高质量发展示范区，对当地农产品质量的提高有很大的帮助。

二、改善周边就业环境

产业园建设，企业积极创新联农带农激励机制，带动小王庄镇及周边农户 500 户以上。通过构建股份合作等模式，建立与基地农户、农民合作社“保底+分红”等利益联结关系。推进资源变资产、资金变股金、农民变股东，实现小农户和现代农业有机衔接，让农民分享产业增值收益，规划区内农民可支配收入持续稳定增长，带动农民可支配收入高于当地平均水平 30%以上。

三、提升区域经济影响

产业园的建设，不仅拓展了企业的经营范围，打造了企业与科研单位合作的平台，为企业今后的发展打下了坚实的基础，提高了企业未来的升值空间，还能够帮助农民种植好的品种，提高种植效益，促进农民增产增收，从而带动周边农民致富，推动现代化农业发展进程。

产业园的建成，将为地方财政提供新的税源，对地方经济发展和财政税收增加意义重大，同时还促进了都市型现代农业向更高层次、更高水平的方向发展，助力滨海新区农业的发展。

第三节 生态效益分析

一、降低农业生产污染

通过对优良新品种的不断创新和利用，提高了品种的产量，增强了农作物的抗病性，减少了农民在农业生产过程中农药、化肥、地膜的使用，降低了农业生产的面源污染。

耕地地力提升和水土流失治理不仅增加耕地面积，同时提高耕地产量；通过循环农业的建设，实现有机肥循环利用从而增加经济效益，规划实施后，通过生态环境建设每年也可增加经济效益。农田地力水平提高1~2个等级，土壤有机质含量在现有基础上提高0.5个百分点；农作物秸秆利用率达到100%，清洁能源利用率达到20%以上；废水治理率达到100%，治理达标率100%。水土流失治理度达到100%；垃圾无害化处理率达100%。

规划区的农产品均按照绿色、有机的标准生产，满足人们对安全食品的需求，减少化肥、农药等对环境的污染，有利于农业可持续发展。

二、改善规划区环境

产业园的建设以生态经济学原理为指导，以建立复合型生态经济良性系统为突破口，以优势特色产业平台建设为切入点，从规划布局、区域运营及环境管理全过程贯彻生态和绿色环保理念，建立特色显著、效益突出、生态良性、经济可持续的产业经营体系。

通过项目的实施，区域内基础设施更加完善，园林景观绿化面积加大，可有效吸收水分和净化空气，有效地改变了规划区的小气候，保护生态环境具有积极的作用，生态效益明显。

第7章　组织保障

一、机构组建

组建产业园管理委员会，设立专门领导小组和专家委员会。

（一）产业园管理委员会

津港公司联合政府相关人员成立产业园管理委员会，由公司总经理、产业园总经理、政府人员及相关部门负责人组成，本着“高效、精干、齐心”的原则，设置管委会的工作机构，根据发展情况需要进行适当调整。由产业园管理委员会负责区域建设及后续管理运营，具体负责建设项目具体设计、规划实施、资金筹措、项目招投标、施工建设和管理、检查验收、试运行等工作，以及部门间、产业间的协调工作。

（二）领导小组

由天津农工商津港公司成立专门领导小组以保证产业园建设的顺利实施。由领导小组办公室协调相关事宜，由公司总经理任组长，下设招标、施工、资金、采购、运营、协调等工作小组，分别负责不同方面的工作。领导小组具体负责组织、协调、监督、检查和验收，以及相关的日常工作。

（三）专家委员会

负责规划实施过程中的技术问题，并及时提供项目建设过程中的技术指导和培训，引进相关先进的管理理念，解决生产中的疑难问题，指导、监督规划实施的全过程。

二、人才培训

一方面，有计划地定向培训农林畜渔的生产及管理人才，进一步密切与北京方面的合作关系，与中国农业大学、中国农业科学院和北京市农林科学院的专家加强合作与交流，从人才培养、科研成果示范推广、实验基地建设等合作积极开拓创新；另一方面，建立技术引进和人才引进的保障体系，逐步形成稳定的技术和人才输入渠道和制度，有效提高入园工作和创业的高层次技术人才和管理人才的工作条件和生活待遇。另外，建立健全科技信息服务网络，为企业、科技人员和广大农民提供服务，加大人才培训和农村人力资源开发强度，建立多形式、多层次、多渠道的农村教育和科技普及体系，全面提高规划区及周边地区农民的整体科技文化素质和经营管理能力。

三、制度严控

项目开发要依法实行项目法人责任制、公开招投标制、工程监理制、合同管理制，增加工作透明度，保障项目顺利实施。加大项目监控力度，建立建设目标考评机制，对建设经费实行动态管理。农产品及其加工产品要经国家食品质量安全组织进行质量认证，并且严格按照相关法律规定生产。政府应加强市场管制，制定相关市场管制法规，来防止乱收费、不正当竞争等市场操控行为，保障消费者权益，维护正常的市场运行机制。

四、机制运行

规划区的运营要适应市场化多元运作的需求，各主体之间要建立灵活的组织关系，以企业制运营为核心，以科技办基地、基地引企业、企业带项目、项目富当地为纲领，保证充足的资金、科技、生产要素供给，打造区域市场竞争力。

（一）企业运行制

企业是推动产业发展的载体，以“企业制”为核心的运行机制，有利于发挥企业在产业化经营的关键作用。通过企业化运作集众拳于一力，有效整合现有资源。企业化运行的赢利能力主要体现在两个方面：一是分工合作，使职能部门的各个工作环节更专业精深，尤其是市场拓展能力及终端管理能力等，都将快速专业化发展。二是标准化管理，流程化管理能够极大地提高工作效率。企业化无论经销商本身还是品牌总部都将大力注入智力资源，企业化运营将为经销商和品牌的发展带来很好的支撑作用。

（二）投资业主制

充分发挥市场机制的作用，谁投资谁受益，产权清晰，形成多渠道、多元化投资体系。企业承担组织生产经营职能，并按照市场经济规律组织种植户进行商品生产。农业企业按照投资业主制原则，对开发资金承贷承还，并组织生产经营，保证了资金投得下、用得好、收得回。

（三）科技服务制

科技要素是规划区可持续发展最重要的内在条件，实施农业科技体制改革，积极开展多渠道、多层次、全方位的合作与交流。充分利用各种资源，建立“企业运作+技企结合”的科技服务新机制。加强生物制种产业农业科技研究，突出产业园的“科技示范”作用。在积极引进国内外优秀科研成果和先进适用技术的同时，制定优惠政策，推行科技承包，使农业科技的推广与科技人员的报酬直接挂钩，激活用活科技队伍，调动科技人员的积极性，使种植户与科技人员风险与利益共担。加强与知名高校、科研院所间的合作，紧紧抓住科技创新，实现农业科技创新、技术推广与市场紧密相连，不再无的放矢，通过生产经营活动，采取新品种展示、基地示范、技术服务等方式，及时将熟化的科技成果、先进适用技术渗透到产前、产中、产后，形成了高效便捷的技术扩散通道。以科技服务企业运作，以企业运作支持科技发展，形成科技服务新机制。

五、宣传充分

充分发挥现代网络技术，在地方政府或集团办公网公开招投标项目，及时发布相关信息；充分利用已有资源和营销渠道，注重合作，关注地方政府或集团扶持政策和优惠政策，吸引、扩大投资来源；充分借助广播、电视、报纸、移动传媒、公交广告等各种媒介，加大宣传力度。

针对不同目标市场、不同受众，有序开展宣传主题词征集活动。采取不同的宣传形式，选择不同的载体，增强宣传效果。在政府主导下，各级联动、企业参与、部门支持、媒体配合，通过高强度、广覆盖、大容量、有新意的整体宣传和舆论造势，营造大产业、大市场氛围。

参考文献

陈俊红，赵姜，龚晶，2017. 北京都市型现代农业发展现状、经验借鉴与路径探索［M］. 北京：中国农业科学技术出版社.

付辉辉，2017. 经济发达区域加快发展现代都市农业的调查与思考——以张家港市现代都市农业发展为例［J］. 农村经济与科技，28（5）：26-29.

果雅静，刘中蔚，高尚宾，等，2008. 都市型现代农业综合发展水平评价方法研究［J］. 中国生态农业学报，（2）：495-501.

何忠伟，曹暕，2014. 北京休闲农业发展现状、问题及政策建议［J］. 中国乡镇企业（1）：78-81.

江晶，史亚军，2015. 北京都市型现代农业发展的现状、问题及对策［J］. 农业现代化研究，36（2）：168-173.

蒋和平，张成龙，刘学瑜，2015. 北京都市型现代农业发展水平的评价研究［J］. 农业现代化研究，36（3）：327-332.

李华东，唐五湘，2017. 都市型现代农业要素版评价指标体系的构建与实证分析［J］. 价值工程，36（2）：72-75.

李华东，2016. 都市型现代农业评价指标体系的构建［J］. 安徽农业科学，44（34）：206-209.

李丽君，张颖，2014. 强化都市型现代农业社会化服务体系建设探析［J］. 安徽农学通报（5）：73-80.

李强，周培，2015. 都市型农业的层次划分与评价指标体系研究［J］. 地域研究与开发，34（3）：156-161.

李雨馨，2018. 哈尔滨都市型现代农业发展：模式、SWOT 及对策研究［D］. 南昌：江西农业大学.

林树坦，2018. 福州市都市型现代农业的发展评价研究［D］. 福州：福建农林大学.

刘士勇，解凯，2017. 北京市朝阳区都市型现代农业建设发展现状与对策［J］. 中国农技推广，33（4）：7-10.

马国胜，李玲，宣雄智，2017. 苏州市“十三五”都市型现代农业发展 SWOT 分析［J］. 江苏农业科学，45（4）：307-310.

马庆，2016. 对济宁市任城区发展都市型现代农业的思考［J］. 现代农业科技（12）：78-81.

马仁杰，王荣科，左雪梅，2013. 管理学原理［M］. 北京：人民邮电出版社.

马智利，闫希成，2013. 基于城乡统筹背景下土地流转后都市现代农业模式制度设计——以重庆市为例［J］. 农业现代化研究，34（1）：30-34.

生蕾，2014. 都市型现代农业的金融支持问题研究［M］. 北京：中国金融出版社.

史亚军，邓蓉，2012. 都市型现代农业发展研究［M］. 北京：中国农业出版社.

田瑰，刘志聪，赵士权，等，2016. 北京都市农业多功能性动态［J］. 中国农业资源与区划，37（5）：152-158.

王慧敏，龙文军，2014. 新型农业经营主体的多元发展形势和制度供给［J］. 中国农村金融（1）：25-27.

王丽丽，张菲，耿振花，2018. 北京市都市型现代农业发展模式研究［J］. 大经贸（10）：23-28.

王晓君，蒋和平，吴敬学，2017. 我国都市型农业发展的典型模式及驱动机制——基于 14 个大中城市案例研究［J］. 农业现代化研究，38（2）：183-190.

邢光，2017. 浙江省“都市型”现代农业产业园发展现状［J］. 现代化农业（12）：58-60.

徐林峰，2018. 合肥都市现代农业发展研究［D］. 合肥：安徽农业大学.

徐向峰，2011. 中国都市型现代农业发展评价研究［J］. 农学学报（9）：61-66.

杨卫丽，2011. 推动成都市都市农业现代农业跨越发展的思考［J］. 农业经济问题，28（12）：33-37.

曾艳，2012. 广州都市型现代农业发展现状和可持续发展研究［J］. 农业现代化研究，33（3）：304-308.

张小峰，2019. 浅谈都市型农业发展的思路与对策［J］. 农民致富之友（2）：33-35.

张雅光，2009. 天津沿海都市型现代农业特征与功能研究［J］. 中国农业资源与区划，30（3）：6-10.

钟春艳，王敬华，文化，2014. 北京都市型现代农业功能的哲学思考［J］. 中国农业资源与区划，35（2）：47-52.

周青，2016. 南宁市发展都市型现代农业的 SWOT 分析［J］. 中共南宁市委党校学报（2）：29-37.

朱启酒，钱静，2013. 都市农业、生态旅游和文化创意产业融合研究［M］. 北京：中国农业大学出版社.

朱天玉，2018. 河南新型城镇化过程中都市型现代农业发展相关理论研究综述［J］. 农家科技中旬刊（8）：77-79.